講談社選書メチエ
702

インフラグラム

映像文明の新世紀

港 千尋

MÉTIER

To Seiko Mikami

はじめに

人間は地上に現れて以来、これほど多くの画面に囲まれたことはなかった。ホモ・サピエンスは長いあいだ動物たちとともに生きてきたが、いままわりにいるのは画面である。いろいろな種類が増え続けているが、合計すれば世界の人口よりもずっと多いだろう。もしも異星人が地球を観察していたら、数が多いほうを主人と判断するかもしれない。

実際わたしたちはますます多くの時間を画面に使っている。異星人の眼にホモ・サピエンスは、大小のスクリーンのために働いている種族と映るだろう。そこで彼らは判断する。有史以来、地上に栄えたさまざまな文明を見てきて、今やそれがひとつの文明に帰結していると。わたしたちは映像文明の世紀にいる。

ここでひとつの問いに突き当たる。そのときホモ・サピエンスは、はたして言葉どおりの「賢いヒト」だろうか。これほど多くの眼差しが向けられている映像は、はたしてヒトを理解しているのだろうか。増え続ける画面に囲まれ見つめれば見つめるほど、自分が何なのかわからなくなるかもしれない。ヒトはいま、自ら発明した眼差しの前に立たされ、慄《おのの》いているのではないだろうか。

本書は地球を覆うにいたった映像の文明を、眼差しの歴史として考える試みである。扱う範囲は、およそ写真が発明された一九世紀前半から今日までになるが、特に社会の情報化が進みデジタルメディアが日常生活を大きく変えてゆく、一九九〇年代以降に焦点を当てている。二〇一〇年代に始まるスマートフォンの爆発的な成長と、映像やメッセージの拡散と共有文化の拡大は、コミュニケーションのありかたを変えてきたが、そこで映像の生産と消費は区別できないほど一体化している。わたしたちの生活は、かつてアルビン・トフラーが予見した「生産消費者」のそれに近い。

その生活に欠かせないのがカメラである。おそらく画面よりも、さらに多くのカメラが人間を見つめている。映像を生産しながら消費する生活は、画面を見つめると同時に見つめられる生活である。手元にある携帯のレンズから、都市のあらゆる場所に設置されている監視カメラ、ドライブレコーダー、上空を飛ぶ無人機、顕微鏡に望遠鏡、さらに探査衛星から太陽系の彼方へ飛ぶ探査機まで、映像の文明はカメラの文明としても拡大を続けている。

写真誕生180年の節目を迎える二〇一九年は、第5世代移動通信システム、いわゆる5G時代の幕開けでもある。超高速無線通信は、8K映像の配信や自動運転を可能にしつつ、産業のあり方から日常生活を含め、広範囲に深い変化を引き起こすだろう。いまや地球全体が無数の「瞬かない眼」に見つめられていると言ってもいい。

第1章は見ている自分を見ることから始まる。「わたしとは誰か」という問いから、視線のうちにある無意識と機械の関係をたどりながら、資源化する眼差しについて考える。

つづく第2章では、写真や動画を現代生活に欠かせなくなった「インフラグラム」として捉え直し、全域化する監視社会のなかで、いまいちど人間の顔を見つめる。そこでは映像をアートや娯楽だけでなく、広く人間の生と死に関わる技術としても考えたい。

第3章と第4章では、軍事の分野でますます重要になる映像を取り上げ、映画、ドキュメンタリー、写真などをとおして浮かび上がる「基地帝国」の存在を考察する。その過程でわたしたちはヨーロッパ、アメリカ、中東、アジアを移動しながら、多様な作品に出会うだろう。映像と移動は切り離すことが出来ないが、最終章では沖縄にフォーカスを絞り込み、さまざまな作品に浮かび上がる人間の現在と対峙する。

以上のようなスケールをもつ本書は、ひとりのアーティストが導きの糸を握る。テクノロジーを独創的に用いた作品群で世界的に知られた三上晴子《みかみせいこ》である。早くから眼差しの技術と感覚をテーマに作品を発表し、全域化する情報技術化社会を遥か先まで見すえていた。柔らかな感性をもちながら、類まれな直観と知性で時代と戦いぬいた稀代のアーティストとともに、わたしたち自身の眼差しへの旅を始めたい。

インフラグラム——映像文明の新世紀◉目次

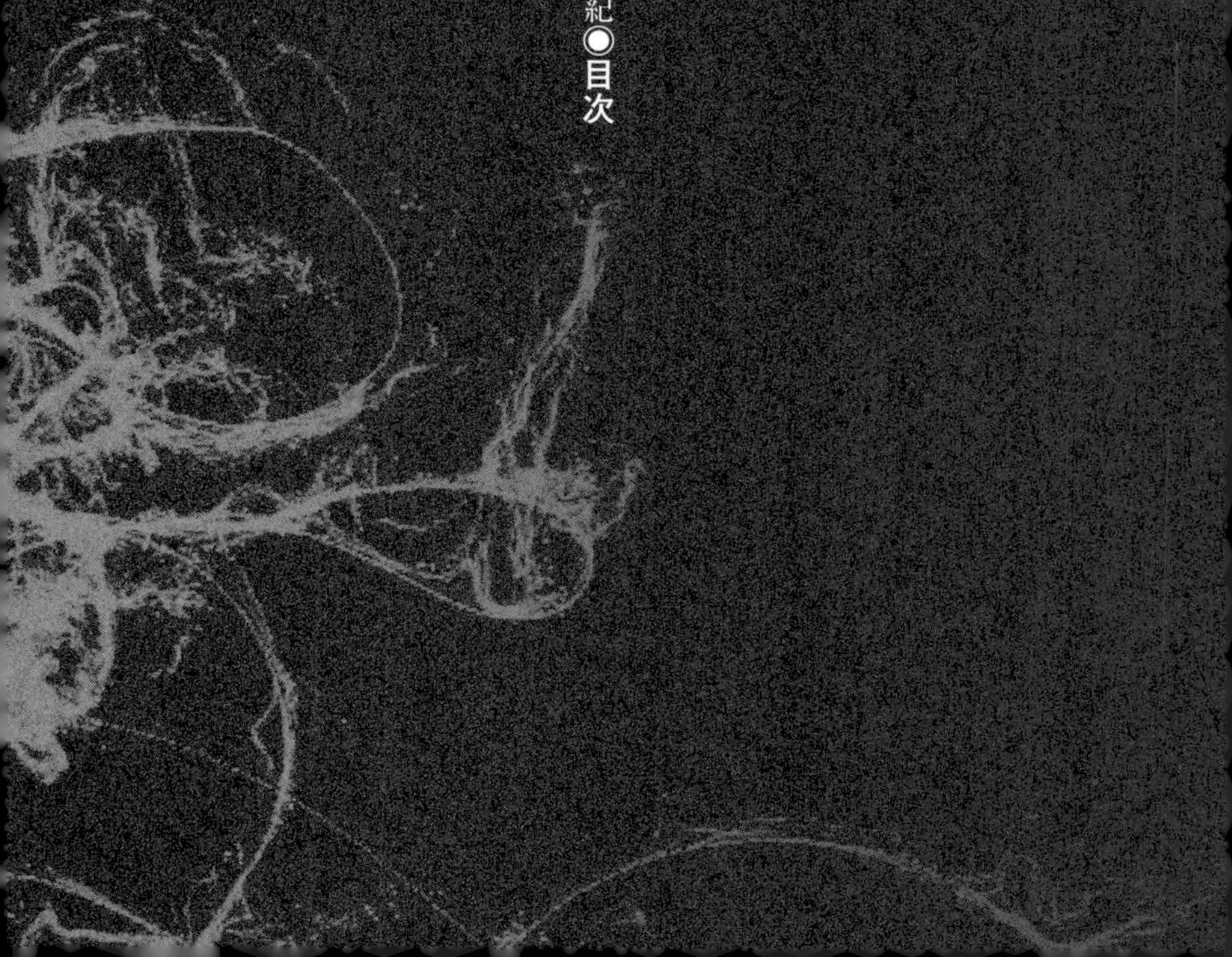

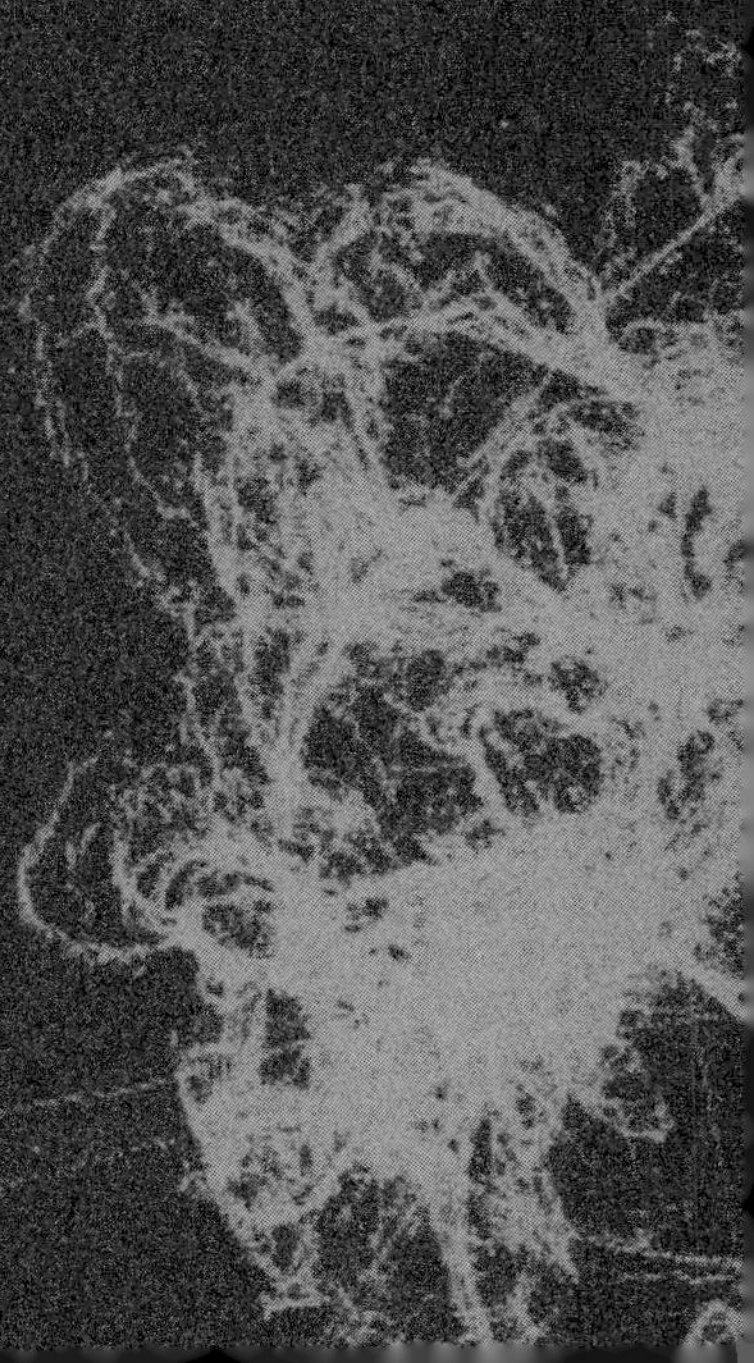

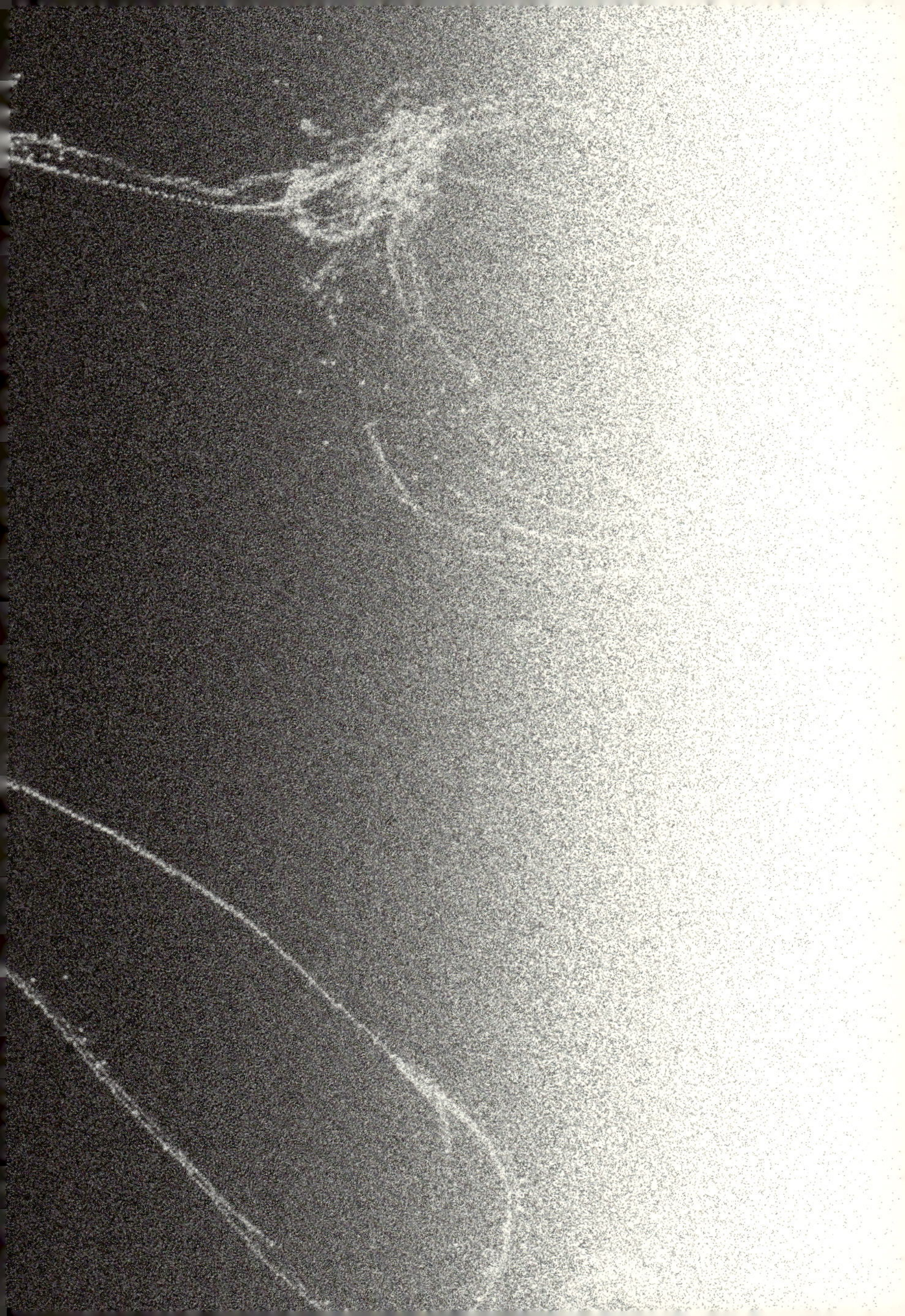

01
神経エコノミーの誕生

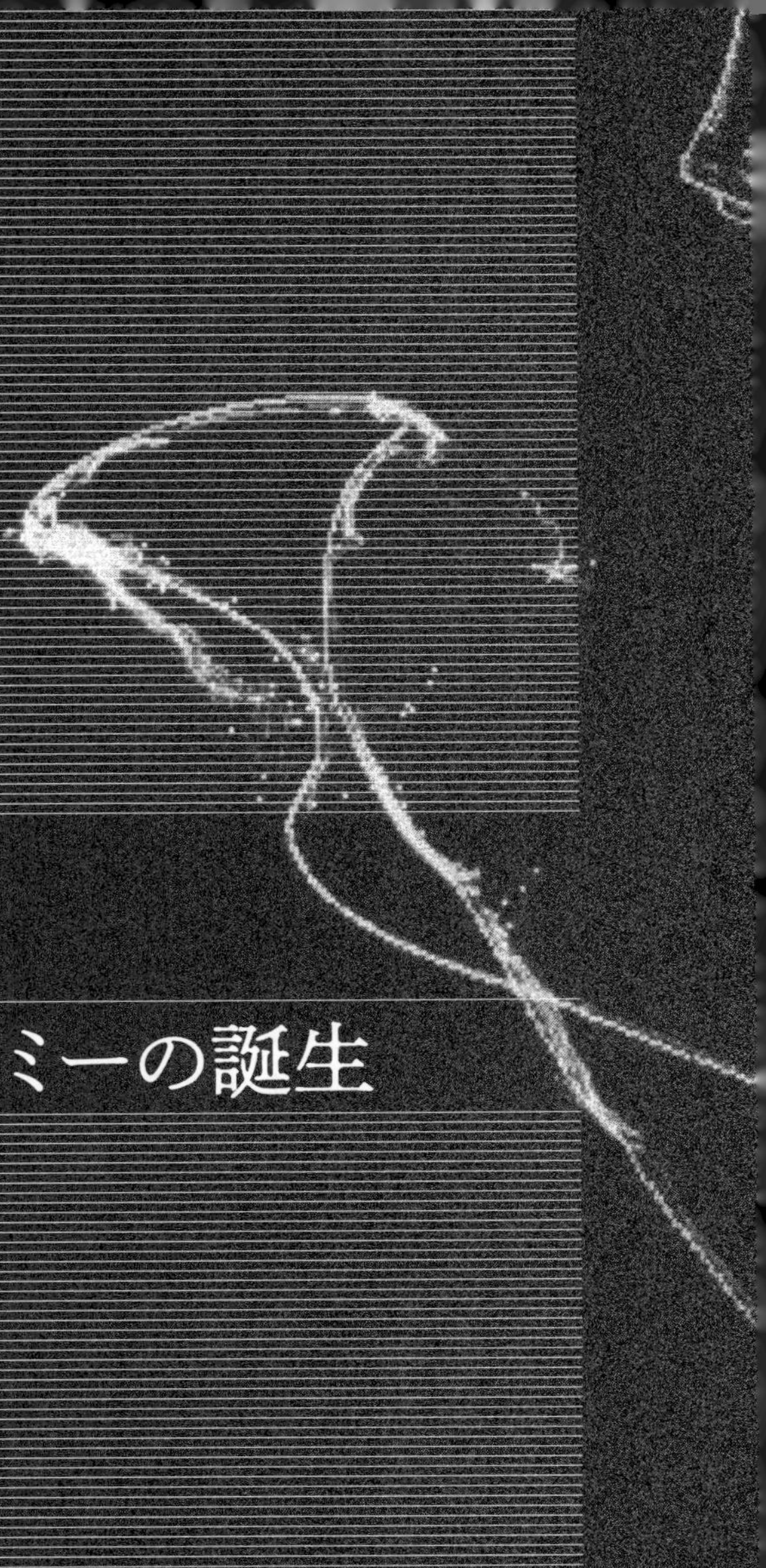

自らの視線を視るということ

わたしたちはふだん「みる」という言葉をさまざまな意味で使っている。音は同じでも、見る、視る、観るというふうに使い分け、あるいは診る、看るというように特別な場面で用いている。いま仮に、「見ることを見る」と書いた場合、どのような意味が考えられるだろう。ふつうの意味では、人がものを見るという、その行為を眺めることになるだろうか。

「見る人を観る」と書けば、見ている人を観察するという意味にとれる。また「見ている人を看る」となれば、誰かを見守るあるいは監視するという状況が出てくる。つまり五感のひとつの感覚としては同じでも、いつどこで何をどのように見ているのかによって、視覚は幾通りにも分類できるのである。視覚について注意深く見るのなら、「視ることを視る」と書けばよいだろうか。

だが、わたしたちは見ている自分を観ることはできるだろうか。見ている自分の眼差しを、視ることは可能だろうか。

この問いに対して、いちばん自然な反応は、鏡の前に立つことだろう。鏡に映った自分の眼を見つめると、自らの視線を見ていることになる。だがその瞬間、この方法の限界も知ることになる。視線を少しずらすと、もう自分の瞳を見られなくなる。見ている自分を見続けるには、鏡のなかの分身に見つめられている必要がある。だが、はたしてそれが眼差しを見るということなのかどうか。

美術史において、この問題はそれなりに長い系譜をもっている。まず自画像の歴史がある。さらにカメラによる自写像の歴史が続く。現在は自撮りとかセルフィーという言葉が使われているが、いずれにしても自身の姿を描く／写すことには、見つめる自分を見つめるという、眼差しの再帰性が伴うのである。とはいえ、以上はあくまで自分の顔、顔貌をとらえるのが目的であって、眼差しそのものを描いているわけではない。

自画像やポートレートのように見つめている人物を描くのではなく、眼差しそのものを扱ったアートは存在するだろうか。それはどんな方法で可能になるだろう。この点で日本のアーティスト三上晴子が一九九六年に発表した体験型の作品《モレキュラー・インフォマティクス——視線のモルフォロジー》は、いくつかの点で画期的な作品であった。[1]

椅子に座った体験者は、大型のゴーグルをつける。画像が表示されるいわゆるVRグラスに近いが、このグラスには視線検出センサーが付いていて、体験者の視線の動きが検知される仕組みになっている。眼球の形状や瞳の位置には個人差があるから、最初に個人の特性に合わせた情報を登録するキャリブレーションを行なった後に、体験者は自らの眼差しがイメージとして生成される空間に入る

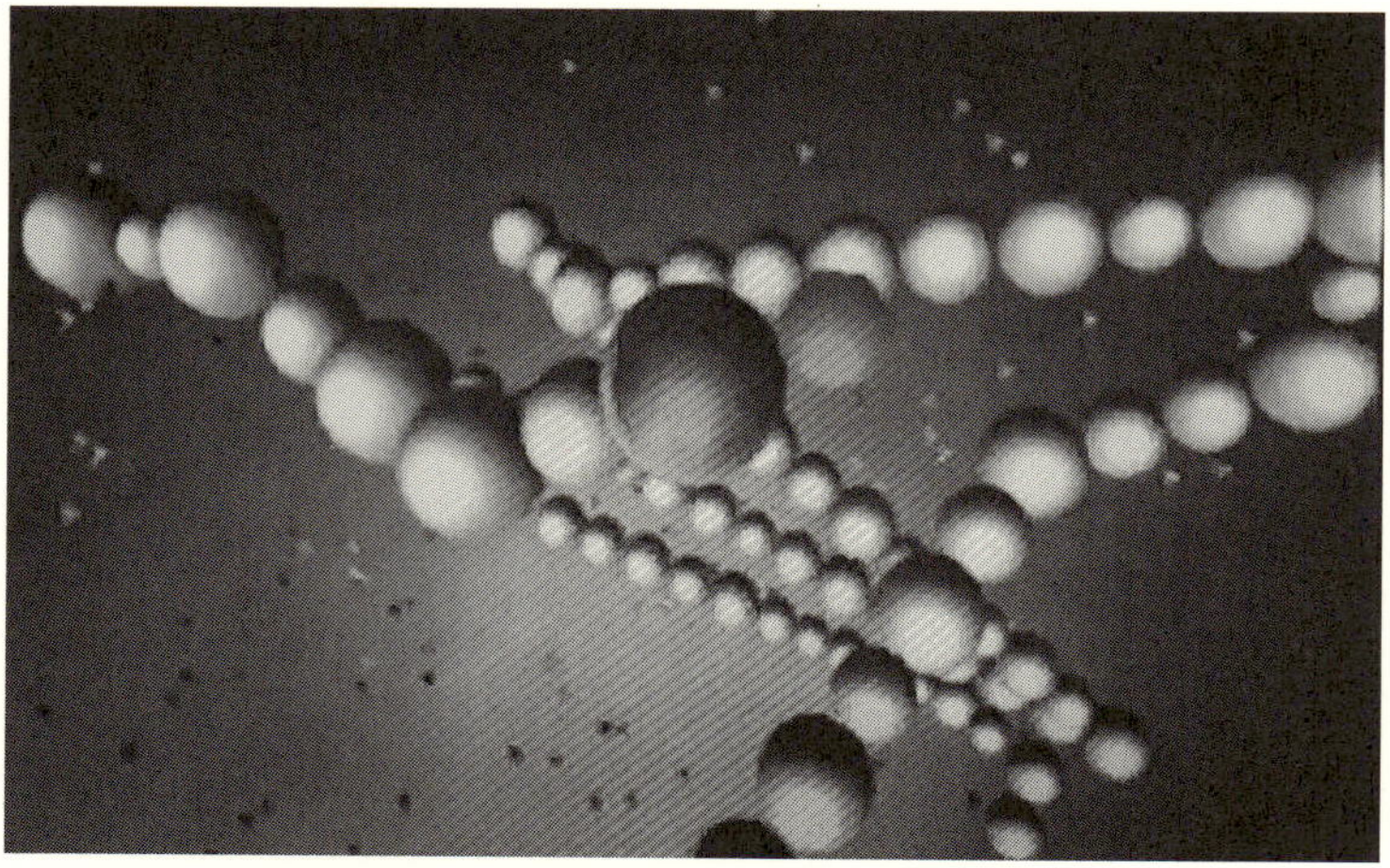

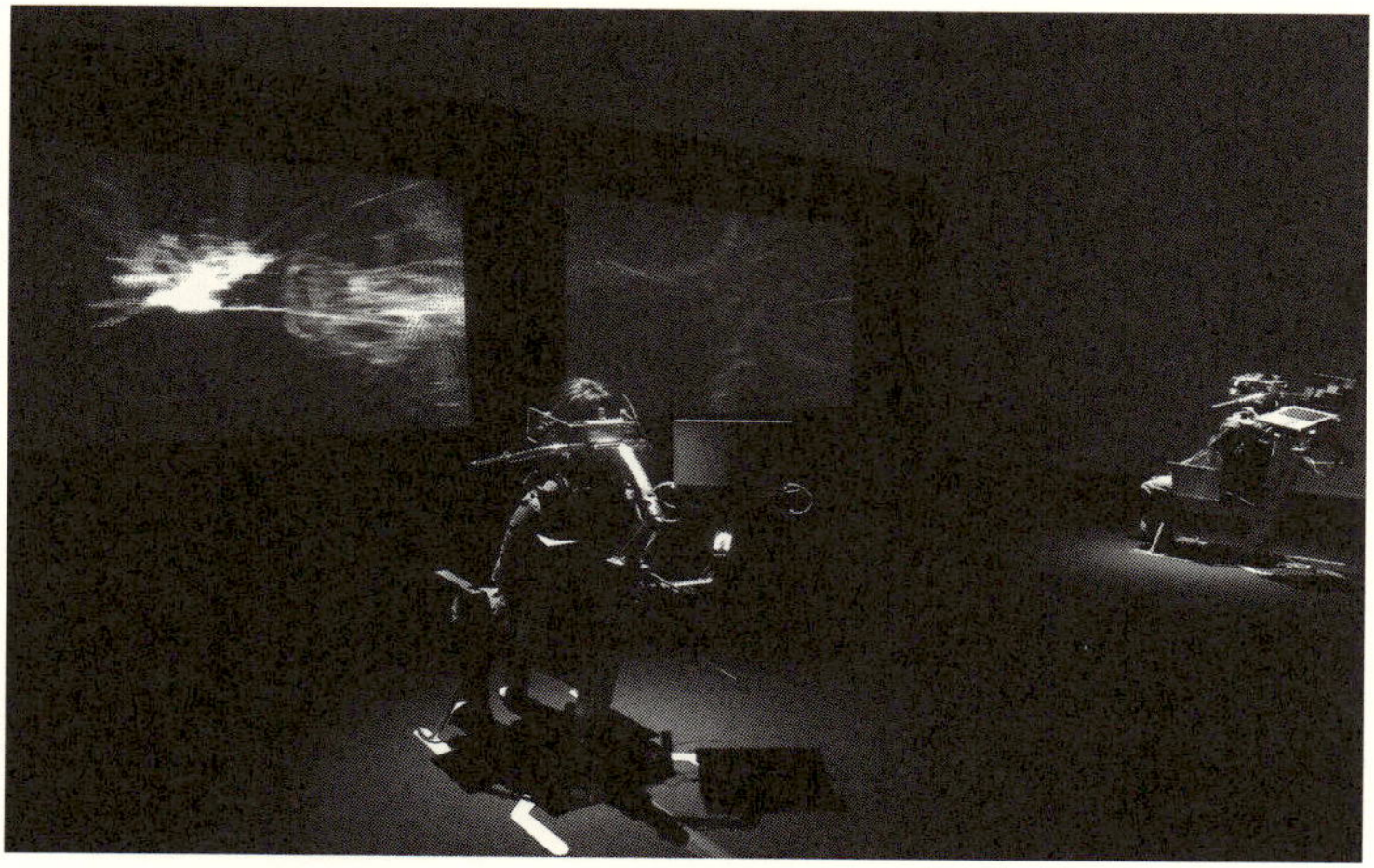

［上］《Molecular Informatics——視線のモルフォロジー》version1.0（1996）の視線の軌跡
［下］《Eye-Tracking Informatics》version 1.1の展示風景（多摩美術大学アートアーカイヴセンター 2019）

のである。

検知された視線の動きの情報はリアルタイムで処理され、作品タイトルの「モレキュラー」つまり分子モデルのような形状として表示される。体験者は自らが作り出した分子状の連続体を目で追いながら、連続的に発生するイメージを眼差しの軌跡として体験する。こうして体験者は眼差しの動きが作り出す仮想空間のなかで、ふだんは気づくことのない、自分の眼差しと向き合うことになる。体験者が見ているのは、あくまでゴーグル内に表示される仮想世界であるが、意識されないような眼差しの微細な震えもセンサーによって検知されるから、自分も気づいていなかったような眼差しの運動を体験することになる。

現在ではゲーム機などを通して一般化したVRグラスだが、当時はまだ目新しく、さらにそれを使った本格的なアート作品としては前例のない驚くべきもので、東京で発表された後はヨーロッパを中心に世界各地で発表され、メディアアートの歴史に重要な一歩を印すことになった。アーティスト本人は、この作品を「視線によって3次元空間に形態を生成していくインスタレーション」と簡潔に表現し、それは「視ることそのものを視る」「無意識と意識の連鎖」というふたつのコンセプトから成っていると説明した。体験型の作品と紹介されることが多いが、作家は「空間と身体が対話する環境」と呼んでいる。体験をとおして、「視ることそのものを視る」とはどういうことなのか、つまり「視るという行為」とは何なのかを観客に問いかけた作品である。

視線の分子モデル

三上晴子は一九九〇年代初頭からニューヨークを拠点とし、コンピュータサイエンスを学びながら、人間の知覚を問うような作品を模索していた。初期の彫刻やインスタレーション型の作品をいったん離れ、メディアアートと呼ばれるジャンルに移行する最初の作品となったのがこの《モレキュラー・インフォマティクス》である。タイトルのモレキュラーは、分子生物学から着想を得たと言うが、当時の状況を振り返ると、納得がゆく。[2]

エレクトロニクスをベースにしたアートでは当時、生物学や物理学との交流が始まっており、ナノテクノロジーや内部観測といった、最先端技術が拓く新たな世界観に研究者もアーティストも大きな期待を寄せていた。アイトラッキング技術を用いた作品に分子生物学の言葉を付けるのは意外な気がするが、科学における観察や観測の問題を、アートの側からどうとらえるのかという問題意識を前提とすれば、確かな理由があったことになるだろう。

ヴァージョンアップを重ねながら、視線検知の精度や処理速度が向上するにつれ、この作品はさまざまなヴァリエーションを生み出していった。CGによる分子状モデルの変化や、ふたりの体験者が互いの視線の動きに反応するといった展開も生まれ、開催されるごとに体験の質が変わっていったことも、この作品の特徴だろう。だがいまそれらの展覧会カタログ等の記録に目を通してみると、タイトルにあるとおりに視線の哲学的な考察や、形態に注目した感想がほとんどであることに気付かされる。三上晴子自身は、この作品を「数学と知覚のインタフェース」とも呼び、数値データが可視的な形態の変化に変換される「インタフェース」としてのアートであると認識していたようである。

わたしはこの作品が東京の代官山ヒルサイドテラスの会場で発表されたときに、そのオープニングで体験するという幸運に恵まれたが、当時を思い起こすと、主催者や作者による解説とはやや異なる感想をもった。それは自分の視線を見ているというよりは、仮想空間内に次々と現れる分子状のモデルに神経を集中することの、なんとも言えない奇妙さであった。というのも、画面上に現れる軌跡が、ほんとうに瞳の動きを反映しているのかどうかに、自信が持てなかったからである。

スクリーンに投影されるグラフィックがモレキュラー＝分子状モデルと呼ばれるのは、視線の動きが「断続的」だからである。動きが一瞬止まる点が球体によって示され、点と点が線で結ばれていき、全体が3次元のモデルのようになる。だが視線の動きは、散漫な見方ではよくわからない。かなり神経を集中していないと「同期している」という感覚をつかめない。おそらく初めて体験したとき、わたしは知らず知らずのうちに、「視ること」と「焦点を合わせること」を混同していたのではないかと思う。どうしてもカメラのファインダーを覗いたときに、画面の中心で合焦する癖がついていたためだろう。

このことは作品のメカニズムとすこし関係がある。そこで使われていた視線検知センサーは、一九九〇年代前半にキヤノンが発表した一眼レフカメラに搭載され話題になった技術だった。ファインダー内の視線が当たった箇所に、自動でピントが合うという画期的なシステム[3]で、当時は「ハイテクカメラ」として、少なからぬ衝撃をもって登場したモデルだった。その先入観があったからなのか、「数学と知覚のインタフェース」というコンセプトとは無関係に、無意識のうちに写真を撮影する身振りをしていたのかもしれない。20年以上たってもそのことを覚えているのは、この作品が仮想空間体験よりも、ファインダーを注視し目標に合焦するという、身体の働きを強く意識させたからでもある。《モレキュラー・インフォマティクス》は、構造的にはたしかに「数学と知覚のインタフェース」だが、歴史的には視覚のメカニズムや写真と映画を含む、映像史のなかにある。さらに言えば、人間の「注視」そのものが産業構造に組み込まれ、ビッグデータの一部となってゆくという、今日の状況を予告していたと言えるだろう。

だがそのことを理解するためには、時計の針をいったん巻き戻し、まず二〇世紀初頭のパリに立ち寄らなければならない。それは人間の眼差しのなかに未知の領域を発見した時代であり、不可思議な眼を生み出した時代の中心地であった。《モレキュラー・インフォマティクス》を構成する視覚と運動について考えるためには、わたしたちはまず、アンドレ・ブルトンの眼と遭遇しなければならない。

わたしは誰なのか

目の前に見えている光景は、自分が見ている光景だとふつうわたしたちは思っている。視線を動かすと、視線の先にあるものが見える。「わたし」が「わたしの眼」と一致していることは、ふだんは意識されない。それが「眼の主」としての「主観」である。

映画監督のオーソン・ウェルズは、このことが殊のほか強く表現されているのが、英語だと語った。「アイ」という同じ音が、わたしと眼という別の単語を意味することを指しているが、この点で三上晴子の作品には、どこかで、この視線は本当にわたしのものなのだろうか、と思わせる瞬間がある。主観を成り立たせている視線を追っていると、どこかで客観が滑り込んでくる感じなのだ。視線の軌跡を追っているわたしとは、わたしなのだろうか。それともわたし以外の、何かなのだろうか。

わたしとは誰か。

アンドレ・ブルトンの代表作、『ナジャ』のあまりに有名な書き出しである。フランス語では「わたしは誰を追いかけているか」という意味にもとれる。これに合わせて「私に生きながら幽霊の役を演じさせる」言葉、すなわち「私につきまとっている」何かを知りさえすれば、それでわかるという続きもよく知られている。そしてこの一節は、作品の成り立ちにも深く関係しているのである。

> つまり、私が私の存在の客観的な、しかも多かれ少なかれ確固としたあらわれだと思いこんでいるものが、じつはその本当の領域についてまったく知らないある活動の一部であり、それがこの生活の枠内にやってきているにすぎないということである。[4]
> （『ナジャ』巖谷國士訳、11頁）

『ナジャ』は、ここで「本当の領域」と言われているような、ブルトン自身も知らない何かがどのようにして現れるかをめぐる物語である。謎めいた女性ナジャは、いわばその現れを担うメディウムであり、数々のエピソードを通して、それがどのようにしてブルトンの「生活の枠内」に到来するかを示す。たとえばいまナジャとブルトンをインフォーマントと人類学者の関係になぞらえるならば、後者が前者にぞっこん参ってしまい、冷静な判断力を失ってしまいながらも、記録だけは続けようとしたプロセスとして読むこともできる。実際ブルトン自身は、自ら添えた序言で次のように書いている。

『ナジャ』については、この著作のしたがっているふたつの主要な「反‐文学的」要請のどちらかを考えても、とくに右のことがいえるはずだ。つまり、豊富な写真図版が一切の描写（…）の排除を目的としている点、またそれとともに、物語のために用いた口調が医学上の、それもとくに神経精神医学上の観察記録の語調をなぞっている点である。（同書、8頁）

主観性は完全に追い出されてはいないが、できる限り客観性を尊重したとするブルトンにとって、写真は第一に、フィールドワークから得られた資料としての価値をもつものだろう。『現場でとらえた』資料をなにひとつ歪めないように気をくばるこの解決法」という表現にも、それは表れている。だがページをめくってゆくと、写真とテキストがそれぞれ、「客観」「描写の排除」「観察記録」といった言葉それ自体を裏切るように配置されているように思えてくる。その第一の原因は、すべての写真に付されたテキストである。写真に相当する本文の一部を抜き出したもので、通常の意味でのキャプションではない。いわゆる「フォトロマン」と呼ばれる、絵入り通俗小説のパロディとして読める。

写真には、かなり加工されたカットも含まれている。「羊歯《しだ》の眼」という表現で有名となったナジャの眼や「夜明け」と書かれた看板など、モンタージュや恣意的なトリミングを施した写真を、通常は「客観的」な記録とは言わないだろう。そもそも誰が観察したのかもあやふやなのである。

その点で客観的といえるのは、ジャック＝アンドレ・ボワファール撮影のカット写真のほうかもしれない。[5] 現場の記録というよりは、「現場性」を意識しながら撮影したものである。それらはアンドレ・ブルトンの要請があって撮影されたものだが、ボワファールはたぶんウジェーヌ・アジェの一連の仕事を知っており、その写真からも影響を受けている。ちなみにボワファールによるパリの遊歩者、夢遊病者としての写真は、ジョルジュ・バタイユ編集の雑誌『ドキュマン』に参加して後も評価されることになる。ブルトンは「現場でとらえた」と強調しているのだが、それはブルトンの話を「あと追い」する現場であり、直接の観察記録ではない。

眼の物語

『ナジャ』は、シュルレアリスムが「見者」の姿をはっきりと示した金字塔のような作品である。それはサッコ夫人の水晶玉やタロットのような見者の道具が、パリという都市全体に適用される一種の実験劇であり、複雑にからむイメージの連鎖の中心には、注意を向けることや見かけに騙される経験がある。ひとことで言えば、『ナジャ』には眼差しの経験が物語られているのである。ブルトンがラファイエット通りからオペラ座のほうへぶらぶらと歩いていたとき、反対側からこちらへ近づいてくる若い女性の影を認めた、その最初の出会いの記述は、まず彼女の眼の描写だった。

「私はいまだかつてこんな目を見たことがなかった」(同書、73頁)

ここから始まる物語にはあらゆるところに、会話のなかに、看板に、ナジャが描くデッサンに眼が現れる。それは開かれた眼ばかりでなく、閉じられた眼、恐れる眼、夢みる眼、訴える眼でもある。とりわけナジャが恐れるのは、ブルトンには見えないが、そばを通る何か、彼女につきまとう何かである。

「ナジャの視線はいま家々をひとめぐりする」

「ほらあそこ、あの窓が見える?」

「こわいわ! 木立のなかにあらわれるものが見える?」

それは彼らが居酒屋のテラス席についていたときのことである。ブルトンはナジャの不安な視線に突き動かされるまま、ナジャにしか見えないものを見ようとする。ここに後日ボワファールが、件のカフェを外から撮影した写真が挿入されている。カフェのテラスには人影はなく時間帯も昼間のようだが、どこか奇妙な印象を受ける。並木が写る前景がヴェールがかかったようにボケているからかもしれない。画面の左端には男が立っている。その様子を通りの反対側から、まるで監視するような距離で、露光を通常よりはかなり長くかけて撮影したように見える。ナジャは言う。

「以前にいちどだけ、あのおなじ木立の上を、あの青い風が通ってゆくのを見たことがあるわ」(同書、97頁)

他のどの部分を抜き出してもいいのだが、写真はテキストを説明するためにあるわけでもなければ、テキストが写真を説明するように添えられているわけでもない。写真は一種の「後追い」の儀式のように、ナジャとブルトンの眼差しを、ボワファールをはじめとした写真家が追うようにして撮った、事後的な記録なのである。それではわたしたち読者が見ているのは、一体何なのだろうか。ナジャとブルトンが見たはずの何かの、残像なのだろうか。

そうではない。およそブルトンほど同時代の写真や映像（芸術だけでなく新聞の社会面から科学的な記録写真までが含まれる）を幅広く見ていた人間はいない。そのことを思い起こせば、これらの写真は慎重に選ばれ、配置されていると考えなければならない。文字を読みながら見る、写真を見ながら読むとき、視線はどう動くのだろうか。これらの写真は、一種のイメージ装置ではないだろうか。今日のドキュメンテーションアートを先取りするかのように、オブジェもデッサンも含め非常に丁寧に撮影され、効果的に配置されている。それはブルトンの語りによってフラッシュバックされるエピソード群が、互いに結びついたり離れたりしながら作動するための、オリジナルなメディアと言ったほうがよい。

もしそうならば、ナジャを怖がらせる視線、窓の外や木立の向こうから見ている誰かとは、ほかでもないわたしたち読者である。ブルトンにつきまとっているのもまた、このメディアが招喚する「読者」という、事後的に彼らを見ている、書物の外からページのなかを覗いている、わたしたちの眼差しということになるだろう。

したがって『ナジャ』冒頭の数ページは、この装置の起動時間である。互いに無関係に出てくるエピソードはとりとめのないもののようで、実は見間違い、勘違い、偶然の発見といった、知覚の滑りについての話なのである。見破られないように髪の色を変えること、風貌から戦死した誰かと間違われること、「薪 - 炭」の木口のイメージと、ルソーの銅像の頭部との連鎖……わたしたちはブルトンに眼差しの戯れの話をそれとなく、しかしたっぷりと聞かされ、そのような世界のなかに入ったところで、満を持してナジャその人と出会うことになるのである。

「わたし」を見ているわたし

ブルトンは、その生涯を通じて人間の意識に興味をもっていた。人間の心に隠されている、未知の力を知るために友人のシュルレアリストらと行なった実験はとても真剣なものだった。『ナジャ』には、ロベール・デスノスが催眠状態にある写真が掲載されている。まるでマン・レイが撮った、映画フィルムの連続するコマのようだが、それらは意識がまだ自分自身について知らない次元を探査するためのメディアとして使われていた。フロイトの理論にも共鳴したが、それだけで説明できるものだとは考えていなかった。「わたしとは誰か」という問いに対して、フロイト理論で説明するような短絡は慎重に避けていることは、次のようなくだりからもわかる。

生き生きとした、響きのよい、大いなる無意識状態よ、たしかな根拠のある行為だけを私に示唆する無意識状態よ、私という一切を意のままに用いてくれ。あらためてここで無意識状態に与えているものをうばいかえす機会がおとずれたとしても、私はそんな機会をすべて勝手にとりさげてしまう。いまいちど、私は無意識状態に思いあたることしか望まない。無意識状態をあてにすることしか望まない。そしてほとんど心のゆくまで、私の目のなかにあるはずの光りかがやく一点を見つめて夜の船荷たちとぶつかるのを避けながら、無意識状態の広大な埠頭を駆けめぐってみたいものである。（同書、181頁）

この「無意識状態」とはどういう状態だろうか。夢を見ている状態なのだろうか。巖谷國士は訳注で、この「無意識状態」という言葉をとりあげ、それがフロイト的な意味で使われているのではないと特別に注意を促している。

「無意識状態（l'inconscience）」はフロイトのいわゆる「無意識（l'inconscient）」とはちがう（…）。意識しないでいること、意識しないですること。これは一種の状態であり、無意識界とか無意識界の表現とかを想定するものではない。（同書、305頁）

この指摘は非常に重要である。意識しないで「いる」ことと、意識しないで「する」ことは深い関係にあるからである。ブルトンはそこに気づいていたが、それが何なのかはわかっていなかった。だからこそ、できるだけナジャとの経験を後々まで正確に観察して、それを考えることができるような記録を残そうと努めたのにちがいない。テキストと写真の構成は、ブルトン自身だけでなく、意識とは何かを知りたいと思う、すべての人が、それを正確に観察するために必要な形式だと考えてよい。

いっぽうナジャはそれに気づいてはいなかったが、それが何なのかがわかっていた。ブルトンには見えないこと、感じられないこと、聞こえないことを、短いが的確な言葉で、稚拙に見えるが直截な絵で伝えようとしたのである。それはふたりが命がけで行なった、「わたし」についての、神経と美についての探究だった。無意識状態とはふたりが探究した世界の、仮の呼び名であろう。ここではその視覚的な面に限って、ブルトンが当時わかっていなかったが、気づいていたことの素描を試みたい。

アイトラッキングの前史

『ナジャ』が眼差しの物語であることはすでに述べたが、その秘密を科学者は別の方法で知ろうと努めていた。この分野で一九世紀のフランス生理学は、ある重要な発見をもって、今日の視覚文化に貢献している。一九世紀は視覚の解剖学的構造とともに運動的側面でも研究が進むが、特に視覚生理学の分野で活躍したルイ゠エミル・ジャヴァルは、一八七〇年代に読書における眼の動きを観察した。そのなかで、ジャヴァルは字を追う視線の動きが一様でなく、文字列のうえを細かく飛び跳ねるようにして読んでいることに気づき、今日「サッカード」現象と呼ばれる眼球の微細な動きを発見したとされる。

このことは視覚生理学の歴史では常識となっている事柄だが、事実は少し違っていたことが、最近の研究で明らかになってきた。ジャヴァルは確かに人が読むときの眼の動きを観察したが、彼自身は視線が飛び跳ねる動きを、特徴的な運動としてとらえていたわけではない。近視の人が読書中に、行と行との間で焦点を合わせようとするときに見せる、微細な眼の動きに気づいたのはジャヴァルとともに研究していたラマールだった。彼が痙攣に見えるような微細な動きにsaccadéという言葉を使ったのである。[6]

当時「サッカード」という言葉は生理学的な用語ではなく、頻繁に使われる表現でもなかったが、ジャヴァルも自身の論文で眼球の不規則な微動を同じ言葉で表現した。後年、ドイツやアメリカで眼球運動の研究が進められるなかで、ジャヴァルの論文のなかに現れるsaccadéが、特徴的な運動を指していると誤って認識され、それが定着してしまったというのが実情のようである。科学史にはあまたの「アンサング・ヒーローズ」（縁の下の力持ち）が存在するが、些末事に見えるようなディテールにあえてこだわるのは、サッカードの発見者とされているジャヴァルや、微動を観察したラマールが、「視線の奇妙な動き」に気づいたことに注意したいからである。それは、それまでは知られていなかった現象だった。

今日、眼球の微視的な運動には数種類あることがわかっている。その研究は医学からマン・マシン・インタフェースの開発まで幅広い分野にわたっており、マイクロ・サッカードの分析、言い換えれば微視的運動の微視的観察の技術は、ジャヴァルの時代からは比較にならないほど向上している。

言うまでもなく《モレキュラー・インフォマティクス》に用いられているアイトラッキングもそのひとつである。変わらぬものがあるとすれば、わたしたちが対象を見ているとき、自身の視線を見てはいないということだろう。つまり自分が気づいていない何かは、「自分の視線の内部」に存在しているのだ。この文章を読んでいるあなたの眼もまた、いまこの瞬間にも、微視的運動を繰り返しているわけである。

痙攣する美

だが「あなた」はまだ、それを知らない。わたしが見ていることは、わたしが知ることの出来ない微動のうちにあるのだが、そのこと自体を、わたしは知らない。

医学を修めたブルトンも、おそらく自身の視覚のうちに、そのような微視的運動が秘められていることは知らなかったであろう。それは自分ひとりでは知ることが出来ない種類のことなのだ。しかしナジャとの日々のあいだに、ブルトンは眼には見えないが、動き続けている何かがあると感じていた。『ナジャ』の最終場面で、とつぜん頭をもたげるのはそれである。

> 美は、リヨン駅でたえず身をはずませている汽車のようなものだ。それはけっして発車しようとはせず、これまでにも発車したことがなかったと私にわかる。
>
> （同書、189頁）

それはまず、身をはずませている汽車として現れる。出発しようとしているのにしていない、動きながら止まっている汽車。その汽車が美しい。

美は、ぎくしゃくした動きの連続から成るものだ。その動きの多くはほとんど重要ではないが、それらがいつかひとつの〈ぎくしゃくした動き〉をひきおこし、それこそが重要なものになるということを私たちは知っている。それのもつ重要性は、私自身にさえ与えたいとは思わないほど大きなものだ。
（同書、190頁）

ブルトンが、この「ぎくしゃくした動き」を表すのに使った言葉は saccadé である。それを繰り返し、しかも強調したことは、この語のうちに重要な何かがあるということを示しており、その重要性はあまりに大きく、驚くべきものである。なぜならそれが「わたしは誰か」という問いにとっても、重要なことだからである。わたしがつきあっているもの、わたしにつきまとっているもの、わたしが追いかけているもの。それは「美、動的でもなければ静的でもないもの」。

そして眼は汽車のように、すでに結語に到着している。

美は痙攣的《けいれんてき》なものだろう、それ以外にはないだろう。
（同書、191頁）

このあまりに有名な一節でアンドレ・ブルトンは、美の歴史に新しいページを開いた。美を対象ではなく、それを見ているわたしでもなく、自分ひとりでは知ることのできないもののうちに認めたのだった。それは痙攣的であり、連続するぎくしゃくとした動きなのである。連続する微視的な動きとしての「美」。わたしがあの日に見ていたスクリーンのうえの分子状の連続とは、それであった。人生のすべてが限りなく微分され、分析される時代にも、いやそれだからこそ、美は生き延びるだろう。いまこの瞬間に、「あなた」の眼は神経の列車である。眼のなかの列車は、あらゆる文字のあいだを通り、未知のわたしへ向かって、永遠に出発し続けているであろう。

運動とデザイン

ブルトンが連続的な動きのうちに認めた美に、それとは独立して気づいていたのはマルセル・デュシャンである。特にデュシャンが機械とその運動に対して、生涯変わらぬ興味をもっていたことはよく知られている。一九一三年、台所のスツールに自転車の輪を取り付けた彼は、ガス灯に照らされた部屋のなかで、壁に映る影の回転を飽かず眺めていたという。ロトレリーフや光学器械をはじめとする回転盤を制作し、そこで生まれる錯視は《遺作》(《1.水の落下、2.照明用ガス、が与えられたとせよ》)にも生かされている。動くものに注がれる視線は自転車の輪の前年に描かれた《階段を降りる裸体、No.2》において、すでにはっきりしている。当時のキュビズムのサークルによって拒否された、このあまりに有名な作品は、運動を記録する写真「クロノフォトグラフィー」に直接的な影響を受けて描かれたことが知られている。

デュシャンやブルトンが生まれ育ったのは、サッカードの発見のように、目に見えない動きに装置によるメスが入りはじめた時代である。肉眼では捉えることのできない微小な間隔を定着する技術によって、運動と時間についての新しい考えが生まれた。アンリ・ベルクソンやポール・ヴァレリーの言葉を待たずとも、若きマルセルは知っていたにちがいない。画家が探究しなければならないのは、目に見える世界ではなく、目に見えない運動であり、その運動こそが、描くということそのものの内にあることを、彼は確信していたにちがいない。その確信は、網膜を楽しませるだけの目的で描かれる絵画を捨て去るほど強いものだった。運動とは網膜状の現象ではなく、脳内の現象として捉えるべきものだからである。

いっぽうデュシャンはデザインにも一貫した姿勢をもっていた。その手が残したすべての痕跡を全体として眺めてみると、広い意味でデザインの仕事を続けたように思える。たとえば《チョコレート粉砕機》に脚を付けるとき、彼はルイ一五世様式の椅子の脚のデッサンを残している。それは家具デザイナーのスケッチに見える。《花嫁》のために残されたおびただしい量のスケッチもそうだし、そもそも《大ガラス》（《彼女の独身者たちによって裸にされた花嫁、さえも》）そのものが設計図であり、複雑にデザインされた装置である。その後に作られた《グリーン・ボックス》や《ホワイト・ボックス》は装置のためのアーカイヴだろう。

彼は画家としてキャンバスに向かうよりもはるかに長い時間、デザイナーの姿勢で仕事机に向かっていた。製品をつくるわけでもないのに、よほど好きでなければこれほど多くの図面を引くことはないだろう。そのデザインが、一般的な意味でのデザインとはやや違っていたとしても、である。

企みとしてのデザイン

フランス語では、デザインとデッサンは別の語ではない。デザインもデッサンも、ともにsigne（指標や記号）と関係がある。まずデザインという言葉の意味に戻ってみよう。設計する・立案する・企てる・意図するというのが日常的な用法である。そこから製図、見取り図・設計図や計画・腹案という名詞が派生する。

さてこのほかに、わたしたちが日常的に使っている意味からすると、おやと思う用例が辞書にはある。

The prisoner designed an intricate escape.

その囚人は手の込んだ脱走を企んだ。

悪巧み、陰謀、野心。「邪悪な、あるいは利己的な動機をもつ」計画という意味の名詞としては、特に複数形で使われる。確かにあまり馴染みのない表現であるが、もくろみや計画のうち、特に悪い意図をもっている場合にも使われると理解してよいのだろう。逆に考えれば、「デザイン」という語が使われる場合、ふつうはその企画や図案はよくも悪くもないニュートラルな意味にとられるということだろう。少なくともそこにネガティヴな意味はなく、むしろ何かを「よくする」問題解決というニュアンスのほうが強い。

『写真の哲学』で知られるチェコ生まれの哲学者ヴィレム・フルッサーは、この意味について面白い考察を展開している。ラテン語の designare に源をもつこの語は、de-sign と分割できる。フルッサーはそこから「しるし（sign）を外すこと」という意味を引き出し、何らかの工夫により騙したり、裏切ったりする意味と引き合わせる。デザインという言葉は、策略とか詐術に関する文脈にある。その意味ではデザイナーとは、罠をしかける陰謀家でもある。

この文脈においてみると、「メカニズム」や「メカニック」あるいはそれと同源にある「マシン」という語も、日常的な使用法とは別の意味をもってくる。

ギリシア語のメコス（mechos）は、騙すことを目的とする装置、つまりは罠を意味し、トロイの木馬はその一例である。ユリシーズはポリメコス（polymechanikos）と呼ばれるが、これを学校でわれわれは「策略に富む者（der Listereiche）」と訳す。メコス（mechos）という言葉自体は、古語の Magh に由来するもので、Magh はドイツ語では Macht（＝力）や mögen（＝～かもしれない）にその形跡をとどめている。それゆえ、機械とは騙すための装置なのだ。たとえば、梃子（＝レバー：Hebel）は重力を騙し取るものだし、「力学（＝メカニズム・機械学）」は重い物体を欺くための戦略である。[7]

（『デザインの小さな哲学』、7－8頁）

フルッサーが指摘する語の原義にしたがうと、少なくとも古代において機械と罠は深い関係にあったことになる。デザインとは、まずもって「トロイの木馬」のような装置や、それを使用する戦略のことであり、木馬の色やかたちや構造も、騙したり裏切ったりするという意図があってはじめて意味をもってくるのである。その起源を辿ってゆけば、たとえば狩人が仕掛ける罠がそうだろう。巧妙に配置されていたり、外見からは分からない機能が隠されていて、予想もしない結果に陥ってしまう装置である。

遥かなる狩猟時代において、よきデザイナーとは、よき狩人でありよき漁師であった。それには獲物となる動物の動きを観察し、その身ぶりをわがものとし、移動経路を予測し、相手の裏をかくような知恵が必要になる。自然と物理にかんする該博な知識を必要とし、状況に応じて道具をつくりかえることのできる、ポリメカニコスの祖先のような存在だ。そのような知恵を駆使して、自然を相手に勝負する――それがすべてのゲームの基本だろう。ゲームと呼ばれる営みは、すべてそのようなデザインを必要とする。

こうした意味に即してデュシャンの作品を眺めてみると、まず彼が発案した機械やオブジェが気になってくる。確かにレディメイドという呼び名が示すように、彼はすべてを自分で作ったわけではない。彼はあるデザインを選び取り、それにごく短い言葉を書きつけて展示しただけである。それなのに誰が見ても瓶乾燥機にしか見えないモノは、もはや瓶乾燥機ではない。雪かきシャベルの外見しか持たないそれは、もはやシャベルではない。広い意味での家具というカテゴリーがあることは確かだが、単に家具を美術品に変えたということとも違う。

デュシャン自身は、それらについてはっきりと、美学的な価値基準で選んだものではないと言っている。よい趣味や悪い趣味ではなく、むしろ視覚的な無関心に支えられた選択に価値がある。つまりデュシャンは、それらを選択という次元でデザインしたわけであり、彼がそれを選択したということが、これらのモノを「巧妙に配置されていたり、外見からは分からない機能が隠されていて、予想もしない結果に陥ってしまう装置」に変えている。レディメイドとは、選択と配置による罠なのだ。だからその罠に気づいた者は、男性用便器にすら苛立ちを感じて、それを破壊しようとさえするだろう。

ゲームと罠

罠という意味では、デュシャンがロトレリーフや光学装置、あるいはステレオ立体写真といった装置が作り出す視覚効果に興味をもっていたことも理解できる。いわゆるトロンプ・ルイユという「眼を誑《たぶら》かす」アートとは違うものの、アネミック・シネマのように動きのなかから生まれる知覚のゆらぎに関心を抱いていたことは大切である。

いずれにしてもデュシャンが「トロイの木馬」的な意味での戦略に強い関心をもっていたことは疑

いない。戦略こそ、彼が芸術を捨てたと噂されるほどに没頭した領分であり、言うまでもなくそれはチェスにおいて最大の関心事となった。「すべてのアーティストはチェスプレイヤーではないが、すべてのチェスプレイヤーはアーティストである」という言葉に端的に示されているように、デュシャンはチェスの指し手はアートであると考えていた。国際トーナメント級の腕前をもち、また特殊な最終局面にかんするきわめて専門的な研究書を著すほどの知識をもっていたデュシャンは、実際にチェスセットをデザインしてもいるのだが、盤面上の戦略にかんして、彼はまさしくポリメカニコスだったのである。[8]

いっぽう装置の考案という意味でも、デュシャンは独創的なデザイナーだった。さまざまな機械をつくりあげたが、その集大成が《大ガラス》であり、そして《遺作》である。前者は中途で放棄され、永遠に未完成の機械となった。後者は誰にも知られることなく秘密のうちに制作され、その死後、解体組み立ての指示書とともに美術館入りした作品である。

公になった直後から、さまざまな研究の対象となり、特にオクタビオ・パスやジャン＝フランソワ・リオタールといった美術史の専門家以外の人々によっても、刺激的な解釈が試みられた。ふたつの大作のあいだにはテーマの上でも、構成の上でも多くの共通点があり、いずれもがデュシャンが残したテキストや死後知られることになったメモ群と照らし合わせて、はじめて理解できる複雑さを備えていることが指摘されてきたが、それについてここで詳述する必要はないだろう。

デュシャンが二〇世紀初頭の疑似科学思想に興味をもち、特に4次元について少なからぬメモを残していることは、《大ガラス》の射影幾何学や《遺作》の巧妙な遠近法の構造とともに、極端な場合デュシャンの作品を神秘思想に結びつけることにもなった。この点でオクタビオ・パスが、中世の神秘思想や恋愛詩によって《遺作》を読解したこと、あるいはロザリンド・クロースが《大ガラス》のなかにフランスの童謡の影を指摘していることなどは、デュシャンの作品が一種の文学として「読む」ことのできる内容をもっていることを示している。100年後の今日もその謎は世界中で人を惹きつけている。

でも、もしそうした解釈を彼が読むことがあったとしても、わたしたちの頭の中に浮かぶデュシャンの表情は、どうしても、あの穏やかな笑顔のままである。イヴ・アルマンがいみじくも書いたように、デュシャンについて書くことは、彼とチェスをすることである。面白い論を展開すればするほど、ゲームも面白くなるのだが、そのゲームは最終的にデュシャンが勝つようにできている。そのようにデザインされているのである。

だからこうしてデュシャンが残した仕事を通観してみても、実際に見えてくるものはわずかにすぎない。なぜという疑問は、あいかわらず消えないし、それにたいする解決もなさそうである。それらが何によってできているのかはわかっても、どのような意味でつくられているのかと問うた瞬間に、彼は見えないところに遠ざかる。

その様子は、遠い狩人の時代のようだ。洞窟のなかに残された動物や記号の壁画が、何によって描かれているのかはおよそ分かっている。どのような人々によって、いつ制作されたのかさえ、だいたいの見当はついている。ところがなぜ、どのような意図で制作されたのかと問うことはできない。今日の考古学で、もはやそのような問いは発せられることも少ないのである。

わずかにわたしたちに言えるのは、そこに描かれている動物や記号の配置が、自然界のなかにある秩序とは異なる、別の種類の秩序であるということくらいである。かつては、そこに男性と女性に分かれる性的記号の構造が指摘されたこともあった。そうした性二元論とデュシャンの作品を結びつければ、愛の身体を解剖する面白い推論を描くこともできそうであるが、それはまた違うゲームになってしまうだろう。それを描いた人間たちが、もてる知恵を最大限に生かして、自然を相手に勝負をしたことはすでに述べた。彼らは最初のデザイナーであり、生き延びるために巧妙な戦略を考えた人々であった。その彼らが洞窟のなかに描くとき、なぜかわたしたちには理解のできないイメージが現れる。そこにあるのは、自然の模倣でも表象でもない、何か別の秩序を備えた世界なのである。

マルセル・デュシャンは動物を描かなかった。それは彼が生まれた時代に彼を取り巻いていたのがバイソンや馬ではなく、ガス灯であり内燃機関だったからだろう。彼には動物の骨やオーカーよりも、ガラスやさまざまな工業製品のほうが身近だったのだ。しかしそれらを使って、連続的に変化する状態を記述しようとした、その脳は洞窟壁画を描いた人々と、そう違いはなかった。彼もまた、その世界のなかで生きるために必要な戦略を、その世界の仕組みを洞察しながらつくりだしたのだ。

デュシャンがパイプをくゆらしながら、チェス盤に頬杖をつきながら見つめつづけたのは、変化し続ける脳の状態かもしれない。それは自らを生産しつづける、この世界でもっとも身近でありながら、最後までその秘密をあかそうとはしない、小さな家のようなものである。マルセルは一生かかって、その家にふさわしい「家具」をデザインしていたような気がしてくる。

考える機械

《大ガラス》は、さまざまな観念が偶然を取り込みながら、透明なガラスの上にひとつの物語として結晶している。問題はその物語が何を意味しているのか、完全に分かってはいないことであり、デュシャン自身もそれを完成することを放棄したように、物語のすべてを説明することをしなかった。彼にもできなかったかもしれない。

《大ガラス》や《花嫁》をはじめとする絵画を、何の解説もなく見たとき、誰の目にも明らかなのは、そこにあるのは何らかの機械だということであろう。それはある身体を備えているし、それを動かすエネルギーをもっているかもしれないが、とても植物や動物には見えない。デュシャン自身の言葉によれば、それは独身者たちの性欲が気化し、上部の花嫁の脱衣を促すということになるが、もちろんそれはそのような事実が語られているわけではない。これらふたつの機械である「独身者たち」と「花嫁」がいったい何であるのかは分からないが、少なくとも言葉と物質が何らかの関係のなかで動きながら、何かを作動させていることは確かである。何かを作り出したり、何かを動かすための機械のようには見えないが、それは見る者をして考えさせずにはおかない機械である。それでは、これは「考える機械」であろうか。

《大ガラス》に含まれている、いろいろな機械がデュシャン自身によって、きわめて精密に設計されていることはよく知られている。それぞれの部分の寸法や角度などを計算し、厳密にトレースするデュシャンの手つきは建築家のようであるとも評されている。今だったらCGで作図するところであろう。ガラス上に刻印された線は、まさにそれを思わせるのだが《大ガラス》の成立は、電子計算機が登場する前のことであった。暗算が得意であったかどうかは分からないが、手書きで計算していたことは残されている設計図からも分かる。そしてそのことが、わたしたちにある想像を促すのである。

実用的な計算機ができた二〇世紀中頃、それはまず弾道計算や暗号の解読といった用途に使われた。第二次大戦中から戦後にかけて計算機の速度が少しずつ向上するにしたがい、一部の研究者たちは計算機の能力を高めて、もっと高度なことをさせられないかと考えるようになった。人間の思考の一部を、機械に代替させる——すなわち人工知能の研究である。

その基盤になった考えは、世界を一定の記号や数値に置き換えて、そこに一定の規則を与えることができれば、世界は演算可能であるということである。はたしてそれが「知能」なのかどうかはさておき、確かにそのような種類の演算能力は飛躍的に向上し、知能としかいいようのない結果を出すようになった。研究が始まって半世紀もたたないうちに、ある分野に関しては人間の能力を凌駕するほどになった。そのもっとも成功した例が、チェスをはじめとしたボードゲームである。

デュシャンがチェスに没頭していた時代には、コンピュータはまだその幼年時代にあったが、すでにサイバネティクスという概念は生まれている。彼ははっきりと、芸術は網膜の問題ではなく脳の問題であると考えていたが、それは決して挑発ではなく、彼が目の当たりにした現実そのものであった。航空ショウを訪れたとき、そこに展示されていたプロペラを見て、どんな芸術作品もそれにかなうことはないと悟ったデュシャンである。自ら計算し、図面を引いていた者でなければ出ない感想かもしれない。しかし彼の頭にあった脳の問題とは、プロペラの曲面を出すためだけの「知能」であるわけではなかった。それは、フォン・ノイマンやノーバート・ウィーナーが考えていたのとは、かなり違う性質のもので、根本的に異なっているとさえ言えるものである。

デュシャンが考えていた機械と二〇世紀の人工知能研究との大きな違いは三つある。

第一の違いは身体性である。人工知能の研究は、人間の思考をその身体から切り離して進められてきた。いっぽうデュシャンのほうは、精密に構成された機械のように見えながら、人間の身体と密接に結びついている。機械化された身体であると同時に、身体化された機械であるような存在だが、その出発点に運動があったことは、決定的に重要である。

第二に異なる点は、表象である。すでに述べたように人工知能は、世界を記号として表象し演算できると考える。表象主義と呼ばれるこの立場は、ある程度、認知科学にも共有されており、そこから世界は表象のプロセスを介して再現されるという心のイメージが生まれる。

デュシャンの場合、事情はまったく逆である。《グリーン・ボックス》などに含まれるメモ群からも分かるように、《大ガラス》として実現されているのは、何かの表象ではない。実在する何かでないのは当然であるが、それはデュシャンが作り出した観念の表象でもない。この点でデュシャンは一貫しており、レディメイドから一連の光学装置にいたるまで、観念の表象という立場をいっさい放棄している。彼にとって世界は、表象のプロセスを介して再現されるものではないし、そのような再現自体にデュシャンは興味を示さなかった。むしろ偶然のはたらきによって変化したり、移行したりする状態のほうに興味があった。

このような「状態の移行」は、絵画時代から見られるテーマである。《花嫁》もまた状態の移行の産物である。デュシャンは数多くの言葉遊びや地口合わせを書き留めているが、音声上の近接によって起きる意味の移行もまた、彼にとっては表象化とは異なる重要な脳の働きだったに違いない。

自己変化のプロセスとしての作品

身体と表象にかんするこのような立場が、人工知能的な脳の見方とは異なった結果を生むことは当然である。デュシャンの姿勢が《大ガラス》にしてもチェスにしても、結果よりはプロセスに重きをおいているように見えるのは、そのことと関係があるのかもしれない。視覚的に完結しないために制作を放棄したことも、また事故によって入ったひび割れを受け入れるという立場も、プロセスを大切にする姿勢から理解できるような気がする。そしてそれは、次のような考え方と極めて近いのである。

どうしてプロセスは、そんなに分類しにくいのだろうか。昔は、機械やプロセスを、原料を最終生産物に変える方法でもって判断するのがつねであった。しかし、脳の場合には、工場で自動車が作られるように、脳で思考が生産されるという言い方をするのは、意味がない。これら二つの違いは、脳が**自分自体を変化させるプロセス**を用いている、というところにある。このため私たちは、脳におけるプロセスを、そのプロセスが作る生産物と区別することができない。とくに、脳は記憶を形づくるが、記憶はその後の思考方法を変化させる。つまり、**脳が主にしているのは、脳自体を変化させること**なのである。私たちの経験の中では、自分で自分を変えるプロセスという考え方全体が新しいので、私たち自身、そうしたことに対する、常識による判断を信じることが、まだできないのである。[9]

（『心の社会』、471頁）

マーヴィン・ミンスキーが「脳が主にしているのは、脳自体を変化させること」だと言うとき、そこに表象の概念がまったくないことに注意しなければならない。フランシスコ・ヴァレラはそこに注目し、認知は表象ではなく「連続的に自己変化するのが脳である」という見方を重要視する。世界からの情報の入力や出力が問題なのではない。ヴァレラにとって、世界は表象されるのではなく、行為そのものから産出される。行為する身体から離れて、世界はありえない。世界はわたしたちの成り立ち、行動や認知から離れては見つからない。デュシャンの芸術が機械時代に生まれ、機械と深い関係にあることは確かでも、それが人工知能的な世界観とは異なり、むしろ「心の社会」的な見方に近いことは、おそらく身体との関係の故であろう。

デュシャンのデザインは、人工知能とは別の種類の機械を目指していたと言えるかもしれない。《花嫁》の機械が、お掃除ロボットや警備ロボットのような、社会の役に立つ代物でないことはもちろんである。何の役に立つのかは分からないし、永遠に分からないかもしれない。しかし現代のロボティクスに欠落している部分が、デュシャンの機械においては中心をなしていることは気になる。《階段を降りる裸体》は、すでに多関節をもったロボティクスの静的な表現のようにも見える。人工筋肉の動きを先取りしたようなイメージである。デュシャンが目指したのは運動の時間的な表現だが、クロノフォトグラフィー（連続写真）とは違って、彼が光学的な方法を用いずに、軌跡をどのように定着するかに苦心したことが注目される。連続的に撮影するカメラを考案して、運動の時間的分析を行なったのはエティエンヌ＝ジュール・マレであるが、運動の知覚を表現しようとしたのは、デュシャンが最初である。

ブルトンはナジャという女性との一種の「共同作業」を通じて、またデュシャンはキャンバスと向き合って、運動の知覚を探り当てようとした。ふたりを助けたのは写真である。機械に運動させるには、まずわたしたちが運動の軌跡をどのように認知するかという問題がある。デュシャンは運動の時間的な構造を、絵画的な方法論のなかで探っていた。絵画を描く視線と、絵画を見る視線の動きのうちに、時間的な構造を立ち上がらせようとしていたのである。

無用の機械群が支配する

だが二〇世紀の電子計算機から人工知能へといたる「考える機械」とデュシャンの機械との最大の違いは、またフルッサーが定義する仕掛けとしてのデザインとも異なる点は、デュシャンの機械は何らの実用性も持たず、何も生産しないという点にある。《大ガラス》とは役に立たない機械の見取り図とも言えるが、この特異な機械のなかに、ロマン主義、モダニズム、シュルレアリスムを貫く一大系譜を読み込んだのが、ミシェル・カルージュの代表作『独身者機械』だった。

> 独身者機械神話が明確に示すのは、機械化《マシニスム》と、恐怖に満ちた世界が同時におこなう支配である。それをことさら強く訴えなかったのも、あまりにもはっきりしているからで、その過度の重要性を蔑ろにしたからでは断じてない。この点でなににも増して驚嘆すべきは、デュシャン、カフカ、ルーセルの発明した恐怖機械が、科学の蛮行と強制収容所の時代の入口に、肩を並べてその幻想的な姿を現わしたことだ。[10]
> （『独身者機械』、30－31頁）

蛮行と恐怖。明らかにカルージュは、ふたつの大戦によって破滅の危機に瀕した時代の、西欧文明の崖っぷちに出現した幻想としての「機械」をそう呼んだ。それは本質的に悲劇的な機械なのである。その悲劇は二〇世紀の悲劇として、以下のような性格を持たされている。

> その大がかりな遊戯がいかに奇っ怪に見えようと、彼らは時代の一大神話を閃火のごとく出現させたのであり、そこにはわれわれの時代の四大悲劇が刻みこまれている。機械化、恐怖、性愛《エロティスム》、宗教もしくは反宗教の衝突からできるゴルディオスの結び目が。
> （同書、31頁）

ここで挙げられている四つの要素は、半世紀以上たったいまでも、興味深い視点を提供している。あえて「四大悲劇」と言わなくても、社会においてまた政治において火急の問題になっていることは、カルージュが指摘するように、機械化、恐怖、性愛、宗教的対立が絡み合ってできた、結び目のように見えるからである。人工知能がリードする支配と統治の機械化、宗教対立は説明するまでもないだろう。残りのふたつについても、ドナルド・トランプとアメリカ合衆国の状況を考えれば、事態は明白であろう。伝説的な記者ボブ・ウッドワードが報じたトランプ政権の内実が、「恐怖」（邦訳は『恐怖の男』）と題されることは象徴的である。

命令と実行の文明

デュシャンの《大ガラス》の下部にあった「独身者の機械」を敷衍するにあたって決定的だったのは、フランツ・カフカの『流刑地にて』に出て来る、処刑機械との類似だった。カルージュの要約を用いれば、以下のようなものである。

カフカの装置は上下に重ねられた二つの部分からなり、真鍮の支柱でできた骨組みに固定されている。うえの階には歯車が詰まった箱があり、製図屋《デシナトウール》（スタロバンスキー訳）もしくは女製図屋《デシナトリス》（ヴィアラット訳）と呼ばれている。この器機は、その真下に吊りさげられている可動式のまぐわに推力を与えている。したの階は寝台と呼ばれるもうひとつの箱からなり、そのうえに囚人が身を横たえている。拷問は、まぐわについた針が、受刑者の肉に、彼が背いた命令《コモンドモン》の文を刻むことでおこなわれる。

（『独身者機械』、35、38頁）

デュシャンの機械とカフカの機械のあいだの並行関係は、上下ふたつの部分からなるという構造だけでなく、カルージュによれば上から下へ向かって降ろされる「命令」にある。カフカでは入れ墨のように身体に刻み込むというメカニズム全体が、命令である。

前司令官《コマンダン》とは器機の発明者である。ここでは「命令する《コマンデ》」という語に二重の意味が見てとれる。製図屋のなかに器機の操縦桿《コマンド》があるという事実にあてはまり、これは機械装置における意味である。それだけではなく権力をも意味する。結局のところ機械装置は、前司令官の命《めい》の物理的な行使をおこなうパーツとしてあるのだから。

（同書、38－39頁）

デュシャン自身は、カフカのこの作品を読んだことさえなかったと告白し、必ずしもカルージュの意見に同意してはいないが、個人的にわたしはカルージュの慧眼はそこに「コマンド」（命令）の存在を指摘したことにあると思う。機械化の根源にはコマンドがある。あらためて言うまでもなく、情報化社会を根底で動かしているプログラムは命令文からなる。命令と実行の連続からなる「機械」が、現代文明の基礎をなしている。文学的想像力が描くのはいかにも異様な機械であるが、その本質は現実の根幹を摑んでいるといわねばならない。[11]

さて以上ふたつの機械に、カルージュが独身者機械の系譜に入れているアドルフォ・ビオイ＝カサーレスの『モレルの発明』を加えると、今日のディストピア的状況を描く準備ができる。ホルヘ・ルイス・ボルヘスの盟友として知られたアルゼンチンの作家が夢想したのは、完全な複製を、しかも無限にコピーできる、一種の複製工場である。

モレルが教えるところによると、彼の映画は、視覚、聴覚、触覚、熱など、すべての感覚を完全に記録する。

モレルの撮影用カメラはこうして物や人間の完璧な複製を生み出すことができる。つまり科学的につくられ、劣化なしに無限の反復が可能な人工的な分身、完全な幻影を。（同書、186頁）

鍵になるのはモレルの機械が「カメラ」だという点である。ビオイ＝カサーレスは複製技術としての写真が高度に発達したら、視覚だけでなく五感すべてを記録する超カメラとして、それが生まれるだろうと考えたわけである。

それでは眼差しと命令、そして罠の組み合わせは、100年後どのように姿を変えているだろうか。

資源としての眼差し

ブルトンがナジャという存在を通して発見した運動体としての「微動する眼差し」、そしてデュシヤンが追究した機械としての「罠」というモチーフから、わたしたちは今日の文化を理解するいくつもの視角を得ることができる。これらは美術史の範囲を超えて訴える力をもっており、《モレキュラー・インフォマティクス》までを含め、避けて通ることの出来ない歴史だと言えるだろう。「眼差し」と「罠」が今日のわたしたちにどのような状況をもたらしているかを考えてみたい。というのも、《モレキュラー・インフォマティクス》が発表されたちょうどその頃、視線をめぐる新たな状況が意識されてきたからである。

それを表す言葉がアテンション、「注意」である。社会の情報化が格段に進んで身の回りにデジタル機器が増えてくるにつれ、日常生活におけるわたしたちの眼差しに変化が出てきた。ひとことで言えば、生活のさまざまな局面で、注意を向けるべき選択肢がどんどん増えているのである。

選択肢が増えれば増えるほど、選択肢の全体を把握するのに時間がかかる。ところが、決定するための時間が増えるわけではない。当然、人間の眼にも限界がある。つまり選択が広がるほど、注意を向ける先は限られてくることになる。話題となった『〈インターネット〉の次に来るもの』の著者ケヴィン・ケリーは次のように書いている。[12]

われわれの払う注意は、われわれが訓練されなくても個人的に生み出すリソースだ。それは不足しがちで、誰もがそれをほしがる。あなたが眠ることを放棄したとしても、注意を払える時間は1日24時間で、いくらお金を積んだりテクノロジーを駆使したりしてもそれ以上にはならない。つまり注意を払える最大量は決まっている。もともと限界がある一方で、他のものはすべて潤沢になっていくのだ。

（『〈インターネット〉の次に来るもの』、234頁）

このことが消費や購買といった行動に及ぼす影響は計り知れない。ずばり「アテンション・エコノミー」というタイトルの著作で、著者のトーマス・H・ダベンポートとジョン・C・ベックは次のように書いている。[13]

途方もない量の情報、多様な活動、人々や場所が、われわれのアテンションを求めてしのぎを削っているので、アテンション・マネジメントそのものが最重要課題になりつつあるほどだ。

（邦訳は『アテンション！』、23頁）

面白いことに、日本語でも英語でも、言葉の上では「注意とお金」に似たような関係を認めている。わたしたちは注意を「払う」といい、英語でも“pay attention”と言う。注意はふつうある目標をとらえた、一方向の心のはたらきと思われているが、「払う」「ペイする」ということは、そこに何らかの取引が生じていることになる。

ともあれ、この「途方もない量の情報」を背景に登場したのが、たとえばグーグルという企業である。やがて会長となるエリック・シュミットはグーグルが開業して1年余りたった頃、二一世紀は「アテンション・エコノミー」と同義となるだろうと予告している。

情報化時代には、あらゆる種類の取引が電子化されてゆく結果、与えられる情報が増大すればするほど、受け取る側の時間はますます限られてゆくという、一種のパラドクスが生じる。ケリーが指摘するように、日常生活を営む人間が起きている間に使える時間が増えない以上、さまざまな情報に注意を向けられる時間、つまり「アテンション」の量は相対的に少なくなり、稀少性の価値をもってゆく。そして、どの時代にも稀少な資源を勝ち取るのが成功した企業だとすれば、未来のグーグル会長は、注意を向ける人間の眼球こそがグローバル企業が求める最大の資源だと考えたのである。

人間の注意や眼差しが「リソース」や「資源」だというとき、それは実体としてそうなのか、それともメタファーなのだろうか。「注意資源」「眼差しリソース」という言い方は出来るのだろうか。少なくとも、注意や眼差しには水や石油とは異なる性質はある。水資源や石油資源は、貯蔵や備蓄が可能だが、注意を貯蔵しておくことはできない。眼差しを向けるとは言うが、眼差しを蓄えるとは言わない。ケリーはそこに、この資源が稀少ではあっても安価な理由を見ている。

（…）だからアテンションは最後の希少性であり、注意が向けられるところにお金が流れていく。しかしながら、われわれのアテンションが希少なわりに相対的に安価なのは、それを毎日誰かにあげなくてはならないからだ。それを貯め込んだり買い溜めをしたりすることはできない。それを毎秒毎秒、リアルタイムで使っていかなくてはならないのだ。

（『〈インターネット〉の次に来るもの』、234−235頁）

ではどのくらい「安価」なのかというと、それはテレビ、ラジオ、インターネットとメディアによって違いがある。あくまで合衆国の例だが、ケリーによれば以上の三つのメディアが一般的な市民のアテンションのほとんどを占めており、新聞や雑誌などの印刷メディアや音楽、ゲームなどはアテンション全体のなかでは一部に過ぎない。アテンションの価値をもっとも真剣に計っているのは、言うまでもなく広告業界だが、テレビの広告とネットの広告では大きな違いが出て来るだろう。ところが、ここがケリーの研究の面白い点だが、予想に反して、一九九〇年代と現在とではメディアを問わず、アテンションの価値は相対的に安定してきている。時間あたりの平均的なコストは、メディア全体で2ドルから4ドルの間に収まるという。

コンテンツの内容を問わずに、あくまでそれぞれのメディアにどれだけの時間をかけているかを計算したものに過ぎないが、これを人間の知覚に起きている問題として考えると、別の面が浮き彫りになる。ジョナサン・クレーリーは、『24／7　眠らない社会』のなかで、例としてウェブページの閲覧数を、アテンション・エコノミーがどのようにとらえているかを、次のように述べている。[14]

> 現代的な言い回しとして、サイトの管理で使われる「アイボール」という語（ウェブページの訪問者数の意）は、人間の視覚を、外的な指示や刺激に従属させることが可能な筋肉の働きとして位置づけ直す。その目的は、確実に狙いを定めた場所や関心の上や内部に、眼球運動を集中させる能力を精緻化していくことである。眼は、光学の領域から追い出されて、その最終的な結果がつねに電気的誘引力にたいする身体の筋肉反応となる回路の媒介要素となる。（『24／7』、97－98頁）

「眠らない社会」とは、24時間眠らない市場によって、恒常的な不眠症に陥った現代社会そのもののことだが、その根源にあるのはいまや「希少資源」となったアテンションの争奪競争にある。生活する人間にとって、起きている時間には限界がある。アテンションという資源を増やそうとすれば、必然的に睡眠という時間を切り崩してゆくほかはない。この夢見の時間すら奪おうとするデジタルデバイスにとって、もっとも重要なのは、人間の「眼球運動」をどこまで精確にコントロールして、目的のターゲットに注意を向かわせるか、ということになる。そのためにアイトラッキングは、「注意を向けさせるための技術」として発展することになる。

商品化する視聴者

さてここで言われている「電気的誘引力にたいする身体の筋肉反応となる回路」を理解するには、しばし一九七〇年代を迂回する必要がある。アテンション・エコノミーが生まれる条件は、社会の基盤がそれまでの製造業中心から金融やコミュニケーションサービスなどの、非物質的な商品中心に移行したことだが、よく言われるように、それが起きたのが一九七〇年代であった。後期資本主義時代やポストモダンといった呼び名もそこから生まれてくるが、メディア史のなかで一九七〇年代はテレビジョン全盛の時代である。

前出のケヴィン・ケリーは、ノーベル経済学賞受賞者の社会学者ハーバート・サイモンが一九七一年に使った言葉を紹介している。

情報に富んだ世界では、情報の潤沢さは何か他のものの欠乏を意味する――その希少性が何であれ、それは情報が消費することによって生じる。そして情報が消費するものとは明白で、それは情報の受け手のアテンションだ。つまり情報の潤沢さは、アテンションの貧困を生み出すことになる。

(『〈インターネット〉の次に来るもの』、234頁)

アテンション・エコノミーの基盤は、インターネットが誕生するはるか以前の、テレビ時代における広告戦略にある。その時代にマスコミュニケーション研究を通し、もっとも先鋭的な批判を行なったひとりにカナダのコミュニケーション理論家ダラス・スマイスがいる。スマイスは一九七七年に発表した論文で、視聴者とは何かと問いながら、従来のマスコミュニケーション理論が考えているような情報の「受け手」としての視聴者では捉えきれないとして、「視聴者商品」という概念を提出した。スマイスは特に北米の独占資本主義化する経済を前にした、新しい「マスコミュニケーションの政治経済学」を理論化しなければならないと指摘し、ラジオとテレビという主要メディアの視聴者こそが、旧来の理論における最大の「盲点」なのだと説いた。人は映画館には観覧料を払って映画を見にゆくが、テレビ放映は受像機さえ持っていれば基本的に無料である。そこが盲点である。

テレビ広告を例に取れば、旧来のコミュニケーション理論では、視聴者はテレビというメディアをとおして、特定の商品やサービスに関する情報を受け取っている。その意味ではニュースや娯楽を含めたさまざまな番組と同じように、テレビから情報を得ている「受け手」であるが、政治経済的なフレームワークのなかで眺めてみると、別の構図が浮かび上がる。

スポンサーたる広告主に視点を置くと、視聴者はその限られた時間を特定の番組とその合間に流される広告を観ることで、スポンサーに対して間接的に、一定の金額を支払っていることになる。現代人はテレビは無料だと思って観ているが、それは「無償」なのではなく、広告を観るという形で放映にかかるコストを肩代わりしている視聴者がいるから、無料になっているわけである。この点を明らかにするためには、視聴者をコミュニケーションの主体ではなく、商品として批判的に考えるような政治経済学が必要になる。「視聴率」という表現も、視聴者の数ではなく、取引された「商品としての視聴者」の量ということになるだろう。[15]

独占資本主義体制では、睡眠時間以外のすべての時間は労働時間である。職場にいない時間のなかで、いちばん大きなひとまとまりの時間帯は、視聴者としての時間であり、この時間が広告主へ売られる。広告主へ売られたこの時間において、労働者は基本的なマーケティング機能を担い、そして労働力の再生産を行なうのである。

コンテンツとは、視聴者となるべき潜在的なメンバーを募り、彼らの忠実なアテンションを維持するためのものである。

視聴者は、（視聴するという）不払いの労働を提供するが、その代わりに番組と広告を受取ることになる。

マスメディアの主たる機能とは忠実な消費者となるべき視聴者を生産することにある。

（以上　D. Smythe, *Communications: Blindspot of Western Marxism*, 1977）

以上のようにスマイスの論文からいくつかの主張を抜き出すだけで、その言わんとするところは明解である。ダラス・スマイスのこの指摘が二〇一〇年代になって再び注目されるようになったのは、メディアの変遷を考えると非常に興味深い。マスコミュニケーションの主人公は家庭に置かれたテレビから、一九九〇～二〇〇〇年代のパソコンを経て、時代はすでにスマホを中心にしたモバイル端末へと移行している。それだけでなく、今日のデジタルメディアは七〇年代のテレビとは異なり、受け手であるだけでなく、それ以上に情報の送り手だからである。だから「ユーザー」と呼ばれるのであって、明らかに七〇年代のような「オーディエンス」ではない。それではなぜ40年前のテレビ全盛時代に現れ、一般的には知られたとは言えないスマイスの理論が、いま注目されているのか。

ひとことで言えば、スマイスの「視聴者商品」概念と、彼が描いた「マスコミュニケーションの政治経済学」が、ＩＴ経済の核心を突いていたからだろう。先に引用したスマイスの主張における「視聴者」を、たとえばグーグルの「ユーザー」で置き換えてみればよい。実際、これほど便利で、いついかなる時でも好きなだけ情報を得ることが出来るサービスが「フリー」で提供されているのは信じがたい。秘密は広告収入にあることは誰もが知っているが、それでも通常わたしたちは、自分がサービスの「ユーザー」だと思っており、「商品」だとは考えないし、まして「労働者」だとは夢にも思わない。

しかし冷静に考えてみれば、基本的なフレームワークはほとんど同じだということに気付かされる。検索したり、写真を投稿したり、メッセージを交わしたり、ゲームに興じたりするユーザーの行動。広告主から見れば、彼らは限られたアテンションの時間を無料で提供する代わりに、当該のサービスを「フリー」で得ていることになる。広告主にとっては、広告に視線を向けるユーザーはまさに基本的なマーケティング機能を担っている。違いがあるとすれば、次の二点になるだろう。

ひとつは、コンテンツである。テレビ全盛時代には確かにそれは、「視聴者となるべき潜在的なメンバーを募り、彼らの忠実なアテンションを維持するため」にテレビ局が作っていたが、今日の特に「ウェブ2・0」と呼ばれる時代のコンテンツは、むしろユーザーが制作し、提供している。その行動はフェイスブックやユーチューブが代表するように、まさしく、「ユーザーとなるべき潜在的なメンバーを募り」そのサークルを爆発的に拡大しながら、参加者のアテンションを維持することに成功している。

もうひとつは、速度の違いである。かつては忠実な消費者を生み出すために視聴者を生産する、つまり視聴と消費のあいだには、タイムラグが存在していたが、あらゆる取引が電子化される時代には、時差はほとんど生じない。視聴することと経済行動の間は一瞬であり、そこに違いを認めることすら難しくなるだろう。いずれにしても、デジタル資本主義体制が進めば進むほど、さまざまなサービスの「ユーザー」は、それぞれのアテンションの時間を提供する「労働者」であり、そこから生じる莫大な広告収入が、デジタル資本主義をさらに加速させることになる。かくして現代人にとって、オフィスを離れても労働時間は延々と続く。通勤電車のなかでスマホを見つめているのは、アテンション・エコノミーにとっては労働としての視線である。

フィルタリングと罠

ひとことで言えば、わたしたちは「見る」ことが「そうとは意識せずに」労働である時代の真っ只中にいるのだが、そのメカニズムもまた、意識できないほどに複雑である。

アテンションに対する精度を高くするには、個人の生活スタイルや消費行動を知る必要があり、そのためにはネット上の膨大な閲覧履歴をフィルターにかけて、意味のある痕跡を抽出しなければならない。アテンションの時間は計算できても、何に対してアテンションを払っているのか、その中身までを計算するのはそう簡単ではない。グーグルやフェイスブックの驚くべきところは、そのためのフィルタリングを徹底して行なうことの出来るインフラを作り上げていることにある。というよりも、これらの巨大企業は、アテンション・エコノミーのインフラ企業だと言ってもいいだろう。このフィルタリングの能力が爆発的に増大する現状を、ケリーは生物進化にたとえて、次のように表現している。

異なる種類のアテンションが相互に絡み合うこの複雑で動物園のような状況は、２０００年以前には想像さえできなかった。各ベクトルをトラッキングし、分類してフィルターをかけるために要求される認知機能や計算能力が、現実的なレベルを超えていたのだ。しかし、トラッキングやコグニファイングやフィルタリングのシステムはそれぞれ成長し続け、アテンションをやり取りするさまざまな選択肢が実現可能となっている。それは生物が多細胞化したカンブリア紀の進化に匹敵する話だ。（…）われわれはいままさにアテンション・テクノロジーのカンブリア爆発に差し掛かろうとしており、新種の一風変わったアテンションやフィルターが試されようとしているのだ。

（『〈インターネット〉の次に来るもの』、241－242頁）

進化の大爆発がカンブリア紀の海で起きたのなら、アテンション・エコノミーの大爆発が起きている海はインターネット空間であり、現実的にはわたしたちの手元にあるスマホやＰＣの画面である。どのタイミングで、何をどこに配置するか。大爆発が進化的にどのくらいすごくても、人間の知覚レベルでは、それはあくまでデザインの問題だろう。そしてまさに、そのデザインが、労働としての眼差しを左右する決め手となっている。限られた時間の、限られた画面のなかの、いつどこに何を配置すればアテンションを払わせることが出来るのか。ヴィレム・フルッサーのデザインの定義が意味をもってくるのはここである。以上のようなアテンション経済のメカニズムは、言葉の原義においてすぐれた「メカ」であり、人間の知覚に対して仕掛けられた「罠」ということである。

すでに述べたように、フルッサーはメカニズムについて、ギリシア語のメコス（mechos）に遡り、それが相手を騙すための装置でもあったと指摘した。トロイの木馬のように、それとは分からないような罠であり、それを考案する知恵である。たくさんの（poly）知恵をもつ者はポリメカニコス（polymechanikos）と称賛され、その名で知られた英雄ユリシーズは、「千の知恵者」と訳された。この原義を共有するマシンもまた、欺くための装置ということになるだろう。たとえば梃子がそう呼ばれるのは、重力という自然の力を欺いて、人間に利する知恵の装置だからである。罠は、動物との知恵比べであり、その特徴は動物の知覚を混乱させたり、それとは分からないやり方で陥れようとする仕掛けにある。

こうしたフルッサーの思考に従うと、「メカニック」とは自然や動物との知恵比べや戦略を意味することになる。通常それは「悪意」とはみなされず、むしろ人間が自然にたいして最大限の想像力と知力を発揮して、ひとつひとつ積み上げてきたという意味での、文化の重要な一部と考えられている。アテンション経済において起きつつある「進化論的爆発」が、もはやわたしたちには知覚することのできない、無数の罠によって支えられていることは、あらためて説明するには及ばないだろう。

だが《大ガラス》に関する幾多の分析からも知られるように、デュシャンの機械を動かしているのは、罠ではなく、愛のエネルギーである。もちろん精神的な意味での愛ではない。カルージュが見事に剔出《てきしゅつ》してみせたように、独身者機械では、身体と結びついた性愛のエネルギーこそが、その機械の核をなしている。《雌のイチジクの葉》や最晩年のエッチング連作に見られるように、デュシャンの芸術をその最深部において動かすのは、愛の身体である。世界には客体も出来事もなく、愛の身体が行なう知覚だけがある。そこが人工知能やロボティクスと異なるところで、デュシャンの機械の核にあるのはプログラムや演算といった数の操作に還元できない命令である。

三上晴子の作品に戻れば、ひとり椅子に座り仮想空間を見つめる姿は、独身者の機械の系譜に連なるものと言えよう。その眼差しは結果として自らの軌跡を描きながら、同時に、自らがコントロールできない眼球の微細な震えと出会うことになる。そこに現れる形態は、それではいったい何なのだろうか。視ることを視る行為の果てに現れるのは、眼差しの純粋な欲望の形態ではないだろうか。それはブルトンとナジャによる眼差しの探究や、デュシャンが行なった、世界もなく客体もない純粋な知覚の探究に連なるものだろう。

「視ることを視る」行為の果てに、虚空に現出しようとするのは、おそらく愛の身体である。椅子のなかで不動の姿勢をとる、個々の身体と釣り合うべく、欲望と無意識状態が描き出す形態である。人間にふたつと同じ瞳が存在しないように、それぞれの形態は一度しか現れない。しかもそれは愛のエネルギーが持続している間だけ存在する、一度きりの経験である。誰かに代わって視てもらうことはできない。他の何かと交換はできず、何かと引き換えることも不可能であり、したがって資源にもならない。愛の身体は、誰に引き渡すこともできない眼差しの一回性のもとにしか現れない。

彼女の作品は少なくとも現在のアテンションをめぐる状況を射程に収めていたと言えるだろう。商用化されて間もない時期で、その精度は現在とは比較にならなかったとはいえ、人間の眼差しに起きうる近未来の出来事を作品化していたことは間違いない。そのことを確信させるのは、次章で扱う彼女の別の作品においてであるが、眼差しをめぐる「罠」が極めて今日的なトピックであることは留意しておいていい。携帯電話のハードウェアに組み込まれているとされる罠が、国際的なスパイ戦争につながるような時代を、誰が予想したであろうか。超大国の対立に直結するような罠は、わたしたちのポケットのなかに存在している。眼差しの罠と捕獲のための技術争いは加速度的に激しくなり、いずれ全域化するだろう。三上晴子の機械が予言していたのは、まさにその地平である。

02
インフラグラムの時代

平成の30年は江戸時代の300年に相当するのではないだろうか。インターネットそれ自体は米国の発明品だが、あえてそれを日本史の区分に当てはめると、この区切りが大変化の境目に見える。インターネットの前と後、ウィンドウズの前と後、グーグルの前と後、iPhoneの前と後……という風に、変化の基準をどこに置くかで見方は違ってくるだろうが、人間の知的生産に関するかぎり、これほどの変化はそう頻繁に訪れるものではないだろう。

平成をカメラ中心に眺めても、同じである。それはデジタルとアナログの転換に象徴される大逆転の時代である。写真のデジタル化技術は一九七〇年代から開発が進んでいたが、デジタルカメラとして実用のレベルに達するのは一九八〇年代末で、それがちょうど平成の始まりに重なる。当初はプロでも躊躇するような高価格で、平成元年（一九八九）のカメラ市場では、デジタルのシェアはほぼゼロだった。平成三〇年では実質的にデジタルが完全に市場を制していることを見ると、写真史的に平成とは逆転が起きた時代として記憶されるはずである。

写真発明180年

だが一九九〇年前後の状況を思い返すと、当初は誰もが写真にデジタル化を期待していたわけではない。むしろ「コニカビッグミニ」のような、新しいタイプのコンパクトカメラのほうが注目されていた。おそらく転換を促したのはカメラよりもパソコンで、具体的にはウィンドウズ95の登場である。この頃からデジタル化が社会の情報化とセットで意識されるようになり、写真の物質性についての議論も本格化したように思う。

一九九五年、カシオ計算機が世界初の液晶付きデジタルカメラ「QV10」を世に送り出した。キヤノンも初の一眼レフデジタルカメラを発売している。前者の画素数は25万画素で価格は10万円以下、後者は130万画素のボディのみで198万円。今からすれば信じがたい数字と価格なのだが、それは事後的に見ているからであって、ほんとうに信じがたいのはその後に続いた開発競争の激しさと言わなければならない。

二〇〇〇年代にかけて低価格化と高画質化が徐々に進んでいったが、一般に普及するのは二〇〇五年前後で、日本ではこの年にデジタルカメラとアナログカメラの出荷台数が逆転したと言われる。結果的にはちょうど平成の真ん中あたりにデジタル化の分岐点が来ることになる。それでも印刷に堪える画質には程遠く、プロフェッショナル業界でデジタルを安心して使えるようになるには、まだ数年待たなければならなかった。

二〇一九年は写真誕生から180年の節目を迎える。注目したいのは、写真術の黎明期とデジタルカメラ初期との相違である。ダゲレオタイプやカロタイプに始まる一九世紀中葉の写真は、その誕生期から芸術表現としての意識が芽生えていた。初期の作品はいま見ても美しく、たとえばウィリアム・ヘンリー・フォックス・トールボットが発明したカロタイプは、世界最初の写真集『自然の鉛筆』からも分かるように、すでに美術作品としての到達を示している。

それらと、30万画素程度のデジタル初期の画像は、そのまま比較することはできないだろう。だが画質が劣っているにもかかわらず、デジタルが急激に成長したのは、イメージではなく社会全体がデジタル化したからである。写真術がレンズと感光剤の歴史の上にあるなら、デジタルイメージは電子工学とＩＴ技術の開発史上にある。哲学者ヴィレム・フルッサーが使った「テクノ画像」という言葉を借りれば、デジタルイメージとは複合的な技術のうえに成り立つ、一種の「コード」なのである。[1]

カメラを用いて作成された画像という意味では180年前のダゲレオタイプも今日のインスタグラムもまとめて「写真」と呼ばれる。だが両者のあいだにはそれなりの開きがある。一九九〇年代以降のデジタル写真を成り立たせているのは、プログラム言語を含む複合的なコードである。したがって平成の大逆転が起きたのは、複合的な技術によって社会全体がコード化され、その中心的な役割を「テクノ画像」としての写真が担うことになったからなのである。

デジタルイメージを理解する鍵は、この複合性にある。「テクノ画像」というコード化されたイメージがいったん誕生すると、ありとあらゆるデジタル技術が次々と、そのうえに載ってくる。写真はもはやそれ自体、単体で独立したものではありえない。製作から流通まで、すべてのプロセスに、さまざまな他の技術が介入するようになる。たとえばGPSデータというコードが載ってくると、写真は地図と合体して「複合的テクノ画像」となり、「現在地」のイメージを提供するようになる。わたしたちが社会のIT化と呼んできたのはこうした複合化のことだろう。

あるいは今では当たり前になった、顔認識機能がある。フレームのなかにある顔を認識する機能だが、搭載された時にはなぜこんなものが必要なのだろうと訝《いぶか》ったカメラマンも多かったはずである。人間の顔を認識できないでシャッターを切る人間が、そもそもいるのだろうか。しかし平成の30年は江戸の300年どころか、複製技術としては印刷術以来の革新期である。技術は10倍速、いや100倍速で進み、カメラは顔を認識するどころか、表情を識別するようになる。

たとえば集団のなかの笑顔や目を閉じている顔をチェックして、カメラに判断させる。こんなことまで自動化されれば、人間がすることはほとんどなくなるわけだが、この段階にいたってカメラの「顔認識」が「顔認証」のために必要不可欠なテクノロジーだとわかってくる。いまや写真は社会全体のコード化のための、プラットフォームだからである。

ヴィレム・フルッサーは「テクノ画像はテクストのメタコード」と、かなり抽象的な言葉遣いで表したが、要するに現在の画像が示しているのは、かつての風景画や肖像画が描いたような「目に見える対象の世界」ではなく、「複合的なテクスト」だということである。ここでのテクストとは、画像の製作から流通までを含むさまざまなプログラムである。通常それらはテクノ画像を成立させているプロセスであり、眼には見えない。テクノ画像としての写真を成立させているのは、多種多様なコードの総体としての形式であり、個々のコードをつないでいるコードとしての「メタコード」ということになる。デジタル化された現代では、この形式の力が絶大であり、それはほぼ内容を規定するようになっている。

インフラグラムの時代

だがメタコードとしてのテクノ画像が、本格的に日常生活を変えてゆくのは、そこからである。カメラのデジタル化と並んで平成の重要な出来事は、ｉＰｈｏｎｅの登場とそれに続くスマートフォン市場の爆発的な成長だ。写真史的にも、むしろこちらのほうがより長く続く衝撃となるだろう。これによって、カメラは常に身につけているという意味でポータブルよりもウェアラブルな性質をもち、同時に写真は瞬時に拡散され、共有される傾向を帯びることになった。ここから写真はインフラストラクチャーとしての性格を強めてゆく。

現代社会では環境の整備や情報基盤、ソフトウェアの動作環境について話題にするとき、プラットフォームという言葉を使うことが多い。個々のプラットフォームを支えるインフラストラクチャーは、たとえばエネルギーがそうであるように、物質としては時代によって変化しながらも、社会にとって欠くことのできないものである。写真が社会のコード化にとって中心的な役割を占めるようになり、それはエネルギーがそうであるように、ふだんそれを意識することのないインフラの一部になりつつある。

意識されないからインフラなのだとも言えるが、たとえばグーグルが提供する「ストリートビュー」のような、位置情報と組み合わせた写真情報サービスはその顕著な例だろう。二〇〇七年に開始されたストリートビューは、車が通れるところならどこでもパノラマ写真を使った360度の視界を得られる。その拡大のスピードはこれもまた驚異的で、サービス開始から5年で39ヵ国、3000都市、距離にして500万マイルに及ぶ道路をカバーしたと発表された。現在では車載カメラだけでなく、バイクや徒歩などさまざまな撮影方法が稼働し、二〇一八年には犬の視点で撮影された「ドッグビュー」が登場するなど、カバーする空間が量的に拡大するだけでなく、質的にも多様化している。そこから派生するさまざまなビジネスは言うまでもないが、ストリートビューは前例のないブランドとして成長を続けている。そのコンセプトは、究極的にはあらゆる場所をつなげて、一枚の風景写真にするということだろう。ホルヘ・ルイス・ボルヘスの寓話を彷彿とさせるが、地球のパノラマがポケットに入り、どこへ行くにもそれが現在地を示すという、ウェアラブルな地球儀の実現である。

これに先んじて、社会のコード化に使われてきたのが証明写真用のポートレートである。その始まりは一九世紀の司法写真の始まりにまで遡るが、現在の使われ方は質的にも量的にも、インフラ化していると見てよいだろう。たとえば二〇一八年にはスマホのロック解除に顔認証が実装された。そこでの「顔写真」は、単なる肖像ではない。特徴検出や画像アーカイヴといった、膨大なメタコードが支えている複合的なテクノ画像にほかならない。[2]

全世界のユーザーの顔写真が管理される世の中は、高度なセキュリティ体制が世界中の空港に配備される世の中でもある。そのような世界で顔写真は、まさにさまざまなプロフィールを付加された、複合的なテクストとして存在している。インフラ化した顔写真が示すのは、肉体をもった顔ではなく、膨大なデータの集積であり、そこに消費行動をはじめとするさまざまな履歴が含まれることは言うまでもない。

このように情報化社会のインフラとなった写真や映像を、わたしは「インフラグラム」と呼ぶ。多くの読者は、語の響きからインスタグラムを連想するだろう。そこで思い出してほしいのは、インスタグラムが「テレグラム」すなわち電報から発想された造語だという点である。テレ＋グラムが遠隔性の言葉とすれば、インスタ＋グラムは瞬間性の言葉だろうか。同じ発想から、インフラ＋グラムは現代社会のインフラ言語としての、写真や動画を含む映像である。風景と肖像は写真というアートの主要なジャンルだが、そのどちらもが情報化社会の根幹をなす時代という意味でもある。

180年前に風景写真や肖像写真として誕生したアートが、日常生活を支えるまでに状況は変化した。写真という平板なイメージは、限りなくフラットに成長してゆくメディアとして、インフラグラムとなったのである。「平成」はそれにふさわしい時代の名と言えるかもしれないが、それより重要なことは、それまで目に見えていたことがインフラ化することによって、目に見えなくなっていったということである。インフラ化とはすなわちブラックボックス化である。インフラグラムは映像のブラックボックス化を伴う。

暗室とデータセンター

たとえば写真が発明されて最初の150年は、カメラには「蓋」がついていた。どんな形式のカメラであれ、蓋や溝やそれに類似する機構があり、カメラ内部に乾板やフィルムをセットするために、それを開けたり閉めたりする必要があった。もちろん手動である。フィルムを装塡することができるということは、装置の内部を見ることができるということでもある。そこから、光がカメラ内部に入り、感光し、それを取り出して現像するという一連の筋道と手続きが理解できる。出来上がってきた写真に奇妙な影や傷がついていれば、どこに問題があったのかは、だいたい見当がつく。装置の内部を見ていれば、事故の原因も理解できる。こうしたことは以前には当然であった。しかしこのような像が出来てくる手続きや、装置の構造はスマホのどこを探しても見つからないだろう。

デジタル化が進み、カメラではミラーレスカメラが一眼レフカメラと同じ存在感をもっている。一眼レフでは、レンズを通った光がプリズムと鏡によって反射されてフィルムや感光素子まで届くので、「レフレックス」と呼ばれたが、ミラーレスとなると、この部分がなくなるので、「光の筋道」という表現自体がわからなくなる。暗箱の歴史から始まっていたカメラの歴史は、そのほとんどが集積回路のなかへ吸収されている。

似たようなことは、自動車についても言えるだろう。それまで人間が修理できていた部分がどんどん狭まって、どこが故障しているのかが仮にわかっても、手も足も出ないというのが、自動化の帰結だろう。身の回りの様々なメディア、特に携帯電話をはじめ社会生活を支えている多くの装置も、専門家や技術者を除いては、その中で実際に何が起きているのかはわからない。一般の人々にとっては、高度に発達したメディアの中身は一種の「ブラックボックス」であり、専門家に任せるのが普通である。故障したとき、それを開いて自分で修理するというのはほぼ不可能であり、そこでも専門家に任せるしかない。情報化は非常に高度な専門分化を促し、またそれに支えられている。

このことは当然カメラだけでなく暗室についても言える。一九八〇年代に写真を始めたこともあり、わたしにとってはフィルムを現像し、暗室でプリントすることが当たり前だった。デジタル化が進むにつれて、カメラが変わるだけでなく、暗室が消えてゆき、現在では新聞社にも暗室などないのが普通だろう。かつて暗室で行なわれていた作業は、言うまでもなくコンピュータが代替しており、ふつうはスマホのなかだけで完結する。最終的にはすべてデータセンターで行なわれるようになるだろう。写真の歴史をふたつに分けるなら、暗室があった時代と、暗室の代わりにデータセンターが出てきた時代になるはずだ。仕組みを視ることが出来た「暗箱」から、中を覗くことさえ出来ない「ブラックボックス」へ、ということになる。

ところで「暗室としてのデータセンター」というのは、グーグルがグーグル＋のサービスの発表時に使ったキャッチフレーズである。"your darkroom is now a Google data center."という、そのままの表現で、かつて暗室で写真家がやっていたトリミングや焼き込み、その他全てはデータセンターのサービスになっています、ということだった。うちのサービスを使えば出来ないことはありませんという文句には、個人的には少なからずショックを受けた。安全灯が灯り、薬品の酸っぱい匂いがする暗室にノスタルジーがあるわけではないが、それよりも像が出来るすべてのプロセスが見えなくなる時代が来るとは思いもよらなかったからである。
わたしの写真はデータセンターのどこに「ある」と言えるのだろうか。

データセンターとアート

この状況にアーティストは敏感に反応しているが、特に二〇一〇年代以降はインターネットを批判的に使った作品が増大し、一部は「ポストインターネット」と呼ばれる表現として扱われるようになった。それは現代写真にも出現しており、いっさい撮影行為を伴わない作品すら珍しくなっている。傾向の異なる作例をいくつか紹介してみたい。

ひとつはネット上で話題になり、後に写真集として出版された《キム・ジョンイル・ルッキング・アット・シングス》である。[3] タイトルの通り、誰もが知るキム・ジョンイルが「物」を見ているという内容である。どのページを捲っても延々と「物を見ている写真」が続く。一種のユーモアなのかと笑ってすませそうだが、しばらくすると「物を見る」ことが、権力の核心にあることが感じられてくる。つまり絶対権力を維持している国の前指導者が「あらゆる物を見る」ことを通して、群衆的視線を代表しているのである。そこには権力と視線の明確な一致があるのだが、同時にそれが野菜からミサイルまで、あらゆるモノのカタログとして提示されているのである。モノの世界を睥睨《へいげい》する写真はインフラストラクチャー（下部構造）ではなく、スープラストラクチャー（最上部構造）と呼ぶべきかもしれないが、すぐれた現代国家論とも言えるだろう。

ちなみに、作家はこの作品に使われる画像を全てネットから引っ張ってきている。スーパーに行ってソースを見る、トマトを見る、キャベツを見る、卵を見る、行進する兵士を見る……彼はありとあらゆる物を見ている。それではわたしたちはどうだろうか？　スマホで似たようなことをしているのではないか。無数のモノが作る「国体」というイメージは、トマス・ホッブス『リヴァイアサン』を想起させる。その意味では国家論であり、優れたメディア論になっている。

アラン・バートルは、情報化社会の非物質と物質の重なり合いを扱う作家だが、彼の初期作品にグーグルのマップ上に表示されるピンを扱った写真がある。写真を見ただけでは、グーグルの地図をキャプチャーしたものに見えるが、そうではない。現実の場所に現実のピンが立っている。世界の国際写真フェスティバルのなかでももっとも長く続いている南仏アルル市で、バートルは広場に巨大な赤いピンをクレーンで設置し、それを撮影するというパフォーマンスも行なった。[4]

この時はストリートビューから選択しただけの写真を展示するアーティストも参加し、フェスティバルに長く関わっている人々やフランスの写真界からは、猛烈な批判が起きた。しかしバートルの場合ピン自体が作品で、そのピンが立っている地点のグーグルの写真やマップとの対応は、作者ではなくサービスを受け取る側の問題である。

またオランダのミッシュカ・ヘナーという作家もグーグル・アースの写真を出品して話題になった。一見すると地表の衛星写真であるが、ところどころにモザイクがかかっている。モザイクを作家がかけているのなら、創作行為と認められてもよさそうであるが、そうではなく、政府が政府の判断でマスキングしたという。つまり当該の場所にはなにか、政府にとって見せてはならないもの、つまり軍事機密や政府の建物に類する何かがあって、モザイクがかかっている。読み取れない何かに対する、独特のデザインセンスが読み取れる。[5]

ここにも一種のブラックボックス化が露出している。実際、データセンターはどこの国でも厳重に警護されており、民間企業とはいえ国家機密と同じくらいのレベルでセキュリティがかかっているだろう。グーグルがサイバー攻撃に耐えられなくなったら、全世界にどんな影響が出るのか、想像してみるとよい。ブラックボックスを巡って、さまざまな政治問題が起きる。テクノロジーとテクノクラートが結びついたところで、現代政治のブラックボックス化も進行していると考えていいだろう。この動きと連動するように、多くの新しいメディアアート作品がグーグルや公的なデータベースを扱うようになっている。

ブラックボックスの時代

認知心理学者の下條信輔は「使い方はわかっているが、動作の原理がわからない」という状態を「ブラックボックス」と呼び、現代社会が丸ごとブラックボックス化しているのではないかと指摘した。テクノロジーの進歩が不可避的に呼び込むブラックボックス化には、いくつかの種類があるとして、以下をあげている[6]（『ブラックボックス化する現代』、32頁）。

1　仕組みや因果関係がみえない
2　階層化
3　意図的な隠蔽

すでに述べたように、1の仕組みや因果関係が見えないことは、メディアのデジタル化全般について言えることである。下條は家電や携帯アプリも使うことはできるが、その仕組みを完全に理解している消費者はほぼいないだろうと指摘し、誰が誰に金を払っているのか「よくわからぬ」と言う。ITと結びついたサービスはそのプロセス全体が「見えない化」しているとも言え、たとえばSNSも大半のユーザーは、なぜ無料で使えるのか、その仕組みを理解して使っているわけではない。この「見えない化」は、前章で扱ったアテンション・エコノミーと深く結びついている。

ただし実態や仕組みが「よくわからない」のは一般の消費者だけでなく、専門家の世界でも起きていることが、2の階層化である。技術が複合化、複雑化するに従い、ソフトの開発も段階的に分かれてゆき、それぞれの段階の専門家にとっては、他の段階がブラックボックス化する。下條はソフトウエア開発の歴史は「抽象化と階層化の積み重ねの歴史」だと端的に表しており、このことは巨大技術全般について当てはまる。

3の隠蔽についても、耐震偽装や食品偽装、データ捏造論文、盗作、さらに巨大津波による原発事故まで、複雑化と階層化が進んだ日本に限っても、まさに枚挙にいとまがないわけだが、消費者や市民にたいして当事者が動機や仕組みを意図的に隠しておくことはもはや「常套手段化」している。つまり三つの傾向はブラックボックス化の帰結であるだけでなく、それを進める原因ともなっている。この関係が事態を複雑にしているのである。

しかしここまでは日常的に誰もが気づいていることではないだろうか。気づいてはいるが、何か不都合がないかぎり、ブラックボックスのままで問題はないだろう。下條がもっとも危惧するのは、この「ブラックボックス化を受け入れる習性」がどんどん進行しているのではないかという点である。仕組みや因果関係がわからないほど錯綜してくると、どこかで見切りをつけるようになる。米国発のフェイクニュースやポスト真実はトランプ政権と結び付けて報じられてきたが、実はもっと深いところに根があるのかもしれない。ブラックボックス化に慣れてゆくにしたがい、わたしたち自身がブラックボックス化しているのではないかと言うのである。

> 心のブラックボックス化とは、刺激に対して複雑な判断ができず、型にはまった反応しかできなくなることだ。少し専門的にいうと、因果関係を理解しようとする複雑な「内部モデル」が失われる。（同書、39頁）

ここで下條が「内部モデル」と呼んでいるのは、「過去の記憶を蓄え、未来の予測をする、心のシミュレーション装置」のようなものである。シミュレーションとまで言わなくても、わたしたちの心にはふつう、出来事の因果関係を理解して、さまざまな可能性を考える力が備わっている。たとえば事故が起きたときや失敗したときに働くのはそれであり、ふつうの思考能力である。その力が弱くなると、個人の心そのものが「入力と出力だけで記述できる存在」すなわちブラックボックスになり、簡単な刺激で判断に影響を与えることが可能になる。こうしてデマや偽の情報がＳＮＳを通じて拡散し、選挙や投票といった政治的行動にまで影響を与えるようになる。現在この最後の部分に揺れているのが、アメリカでありイギリスであり、そして世界である。

政治の群衆、データの群衆

こうしたブラックボックス化と密接に結びつき、同時にそれを加速度的に進めているのが、現代文明を覆う全域的なデータ化である。データの爆発的な増大が社会のあり方を変えようとしている。[7]

それに触れる前に、ここでわたしが一九八〇年代からテーマにしてきた「群衆論」を簡単に振り返っておきたい。革命の群衆、デモの群衆、人間がたくさん集まった時のイメージや視覚との関係を『群衆論』にまとめたのが一九九一年だったが、その中で「ニュービジョン」の時代、すなわち多くの作家が「群衆知覚」に注意を向けた時代を取り上げた。群衆の知覚のための展示の方法、たとえばパネルをたくさん使って人間の視界を全部覆ってしまう、そういった展示の方法がこの時代に試みられた。

今風に言えば「メディアウォール」のような、博覧会の会場の壁一面をフォトコラージュで覆ってしまう、そういった実験が一九二〇年代から三〇年代に行なわれた。一九三〇年代には群衆知覚が、一方で全体主義の中で応用されて、ナチズムやスターリニズムによってプロパガンダの常套手段になってゆく。この時代はまた写真が大衆化し、アマチュア写真が各国で大量に生産され、プロフェッショナルの写真を量的に超えていくという現象も生まれた。

少なくとも一九二〇年代以降の写真とは大衆化、群衆化の時代のメディアである。このときの「群衆」とは何か。ただ多数というのではない。そこで問題になる「膨大な量」とは枚数やギガ単位などの数量で表すものではなく、「常に増殖していく」という意味での多数である。写真とは増殖のメディアなのである。

さて一九八九年の東欧の革命や、ベルリンの壁の崩壊時には大多数のカメラがフィルムカメラだった。二一世紀に入り、ブッシュ政権によるイラク侵攻前夜に世界中で、特にヨーロッパの大都市を中心に反戦デモが開かれた。この時には、プロが使うカメラは相当数がデジタルに切り替わっていた。ちなみに二〇〇三年の反イラク戦争のデモというのは、当時、史上最大の反戦デモと言われていた。ヴェトナム反戦などと比べものにならないほど、多くの人間が短期間に動員されたと言う。

当日わたしはローマにいたが、公式の発表で300万人と聞いて驚いた。ちょうど土曜日だったこともあるが、どうやってカウントされたかは別にして、300万人の反戦デモというのは歴史上開かれたことはないと報じられた。もう少し小さい規模がロンドンでもパリでもそしてアメリカでも開かれたので、世界中で１０００万人以上の人間が、反戦デモを行なったことになる。そして、それにもかかわらずイラク戦争は開戦された。

この二〇〇三年の反戦デモを個人的に重視しているのは、それが同時多発的に、世界中で開かれたことにある。これはインターネットが積極的に使われ、携帯電話で連絡を取り合いながら集会が開かれた最初の例だった。この二〇〇三年あたりから、現在のようなかたちの情報化が始まったのではないかと思う。二〇〇九年、オバマ政権が誕生。ソーシャルメディアを積極的に活用して当選したと言われた。わたしは投票当日にロサンゼルスにおり、決まった瞬間は民主党の選挙対策本部にいた。今か今かとみんな待っていたが、意外に早く当確が決まって、当確のニュースが流れた瞬間を撮影したのだった。

アメリカの大統領選というのは、膨大なデータを扱いながら繰り広げられる「情報化国盗り合戦」というか、一種の戦争ゲームのようなもので、これに比較できるイベントは他の国には存在しない。二〇〇八年には携帯電話を使った選挙戦が両方の陣営で大々的に展開されていた。ロサンゼルスの選挙対策本部はハイアットホテルを借り切っていたが、その前を通りかかると、選挙運動をしているボランティアにいきなり携帯電話を渡された。意味がわからなくて「なんだ?」と聞いたところ、「まだ投票が続いているから、この電話を使って訴えろ」と言われた。短縮ダイアルになっていて、通話ボタンを押すと、かけるべき電話番号がリストになっている。彼は「どれでもいいから最後のお願いをしろ」と言う。困って「そもそも英語に自信がない……」と言ったら、「心配するな、お前が電話する相手に英語が通じるとは限らない」と言われ、仕方なくひとりだけ電話したことを思い出す。

噂には聞いていたが、これほどシステマティックになっているとは知らず、本当に仰天したのである。二〇世紀の群衆テクノロジーと二一世紀では、質的に違うことを教えられた。その延長線上に、記者会見を開かず、ツイッターだけで数千万人に直接影響を与えるという、ドナルド・トランプの戦略が出てくる。この状況を可能にするインフラストラクチャーが、リアルタイムにつながり日々増大してゆくあらゆる種類の投稿であり、それを分析して利用されるビッグデータである。

非物質化の始まり

すべてのメディアに前史があるように、インフラグラムにも前史がある。わたしが見るところ、写真や映像がインフラ化する兆候を捉えたのが、一九八五年春にパリのポンピドゥーセンターで開催された、大がかりな展覧会である。タイトルは『非物質』展（*Les Immatériaux*）、主催はポンピドゥーセンター内にある産業創造センターで、哲学者ジャン＝フランソワ・リオタールが監修したものだった。当初、この企画は新しい技術によって起きつつある、人間と物質との関係をテーマにするはずだったが、監修にリオタールが加わることになって、その内容は大きく変わったと言われる。ポンピドゥーセンターを訪れるのは初めてではなかったが、この展覧会はわたしにとってすべてが未知の体験で、その名状しがたい雰囲気はいまでも憶えている。[8]

まず会場入口ではヘッドホンを装着する。現在のように美術展で貸し出される解説用のヘッドホンなどなかった時代で、有料だった。会場はポンピドゥーセンターで大きな企画展が開かれる五階だが、それまでの展覧会とは打って変わって非常に薄暗く、仮設のような金属板やカーテンがぶら下がり、どこが壁なのか分からない。展覧会の動線も不明で、観客はまるで迷路のようになった会場をのそりのそりと進んでゆくという、見たことのない光景だった。

会場の暗さに加え、ヘッドホンから聞こえてくる声も暗い。新素材や人工皮膚といった新しい技術が語られるのに、ユートピア的な雰囲気のまったくない、むしろ漠然とした不安を感じさせるような内容である。展覧会の最初のほうにサミュエル・ベケットの『名づけえぬもの』が引用されていたことや、最後のほうにフランスのメディアアーティスト、カトリーヌ・イカンによるビデオインスタレーションがあり、どちらもが「身体の不在」を問うていた。後になって、ヘッドホンの声がポール・ヴィリリオのものであったことを知ったが、ともあれ、この展覧会がわたしにとって「非物質」という言葉の意味を考えるうえで、ひとつの契機となったことは間違いない。

仮にいま、この『非物質』展を再構成して開催したらどうだろうか。おそらく当時と完全に同じものを作るのは困難だろう。作品は保存されているかもしれないが、そこで使われていた機材のほとんどは、すでに廃棄されているか、生産も中止されているはずだ。音響作品も映像作品もアナログ機材によるものだから、デジタルに変換しなければならない。写真のプリント、照明等も含めて、オリジナルと同じ雰囲気を作り出すことは難しい。その当時の新素材や人工皮膚といった物質さえも、おそらく揃えるのに苦労することだろう。

そうして苦労の末に再構成した展覧会に、おそらく多くの人はとまどうだろう。それは大昔の技術を展示する産業資料館のようで、退屈するかもしれない。そこで言われている「インタラクティヴ」

や「シミュレーション」は、今日のオンラインゲームにすら届かないレベルである。反応は遅く、解像度は粗く、全体に暗い。唯一の救いは、ヘッドホンに届くさまざまな声になるだろう。会場をめぐるにつれ、ベケットにはじまり、アルトー、ブランショ、ヴィリリオといった作家のテクストの引用が音声で聞こえるのだが、この部分だけは再構成するのに困難はないはずである。

ひとことで言えば、近未来的な物質を扱った展覧会の35年後に残っているのは、実は物質のほうではなく、思想や言葉といった「非物質」のほうだということである。35年前に使われた電子的なメディアのほとんどは、過渡期的なものとして、すでに姿を消しているのだ。そのことを監修者らが予想していたかどうかは別にして、展覧会の名称としては、間違ってはいなかったということになる。

したがって今日の「物質」を考えるうえで参考になるのは、この展覧会に何が**なかったか**、になるだろう。おそらくそれは、この数年後に商用が開始になるインターネットである。表現の非物質化、身体性の消滅、場所に固定されない存在などのアイデアが、具体的に何によって実現されることになるのか、それが分かっていなかった。音響も映像もすべてが、マルチメディアによって一元化される可能性も、まだはっきりとは意識されていなかったのである。

だがここで注意したいのは、そこにこそ『非物質』展の歴史的な重要性があるということだ。インターネットの爆発的な成長やグーグルのような企業の登場を前提とせずに非物質性に注目したのであり、それは科学技術の発展によって、現実がそれ以前とは異なる様相を呈してきたこと、それまでとは異なる現実が登場しはじめたことを示している。展覧会のレジュメでは、そのことが「モノの複雑さ」と表現されている。リオタールらの展覧会は、わたしたちの世界を構成しているモノが、もはや以前のようなモノではなくなるのではないか、という問題提起だった。

回帰するフォトジェニック

今から思えばその複雑なモノの様態こそがメタコードであり、その技術的な帰結として現れた代表がインフラグラムである。モノの世界はもはやインフラグラム無しでは成立しない。デジタル化によって写真表現が大きく変わっても、商品広告の圧倒的多数が、依然として写真というメディアによっていることからも明らかだろう。同時に「モノがそれ以前のようなモノではなくなる」ことが、直接的に影響するのも写真である。それは写真というメディア自体が、もともと複雑性をもっていることと関係している。

写真は光学と化学、さらに電子工学という複合的な科学技術の産物である。だがそれだけが写真を成立させているのではない。写真はすぐれて知的道具であると同時に社会的な産物でもある。今日の文明は、そのあらゆる局面において写真抜きで成立するとは誰にも想像できない。写真はそれほど広く深く浸透しており、その力は物質的な存在としての写真だけでなく、記憶や思考といった心の働きにも影響をもっている。写真の複雑性は、物質的な面だけのものではない。

イギリスで写真史の最初に登場する人物のひとりフォックス・トールボットは、フォトグラフィーという言葉より以前に、自らの発明を「フォトジェニック・ドローイング」と呼んだ。わたしはこの

「光による描画」という呼び方が、以下のようないくつかの理由によって、今日新しい意味をもって復活してきているように思う。

まず写真はその発展を通じて、光の応用範囲を拡張してきたという歴史がある。一九世紀以降の科学技術は、電磁波の研究を通じて、科学的な描画の可能性を拡張してきた。日常的な意味での写真は可視光線の幅で扱われるが、X線を使ったレントゲン写真、赤外線フィルム、レーザー光を使ったホログラム等々と、これらも広義の光の描画だと言えるだろう。これらには、コピー機やスキャナのように通常「カメラ」とは呼ばれない機械も含まれる。トールボットの「光による描画」には、カメラを使わない、物体の直接的な痕跡が含まれていたことを思い出したい。

第二に「描画」は、そこに一定の手続きや操作が含意されているという点である。今日以上のような応用領域を拡張している光のひとつはレーザーだが、3Dスキャナのような機械はまさに二一世紀のフォトジェニック・ドローイングを可能にしていると言えるだろう。物体の形状をレーザー光で計測し、これを3次元データとして取り出し、これを3Dプリンタで出力する。この一連の過程は3次元のフォトジェニック・ドローイングである。「撮影」できる対象はまだスキャナのサイズによって制限されるが、すでに手持ちのスキャナが開発されていることからも、立体的な撮影記録が日常化すると考えられる。スキャンした物体をデータとして転送し、別の場所で出力することが一般化すれば、物体とイメージの区別は次第になくなってゆくだろう。

もともと人間は立体的な再現に対する強い欲望をもっている。一九世紀後半にはすでにダゲレオタイプによる「ステレオ写真」（立体写真）が作られたが、これは物理的には存在していない写真の奥行きを見たいという欲望の産物である。その先には３Ｄホログラフィーがあり、さらに３Ｄ描画から立体を作り出す今日の技術がある。写真史の最初の160年を２Ｄ中心の時代とするならば、現在は写真が３Ｄ中心の時代に入っているとも言えるだろう。すでに述べたように、写真がインフラグラムとして今日わたしたちの生活に深く広く浸透しているのも、主に３次元的利用のためにほかならない。

写真と地図製作技術との結びつきによって生まれた、新たなイメージ空間としてのグーグルストリートビューについては、すでに述べた。いまや地球はもとより、月から他の惑星までをデータ化するのだから、そのデータ量はまさに「天文学的」なものになってゆくだろう。ＧＰＳによる位置情報と一体化した写真は、地球上に位置しているというよりは、複製された宇宙モデルの一部ということになる。逐次更新されるという点では時間の次元を加えた、４次元的利用とも言えるだろう。

こうして写真は異なる種類の情報を結びつけ、過去に向けても未来に向けても増殖を続けてゆく記憶の建築物であるとともに、あらゆる種類の映像を取り込みつつ24時間常に編集が続く、雑誌のようでもある。撮影され、印刷され、投影され、スキャンされ、コピーされ、立体化され、平面化され、切られ、貼られ、消され、共有され、保存される。それは物質性を持ちながら、物質性を超えて増殖し、イメージの惑星を形成するスーパーマガジンである。

フォックス・トールボットが南イングランドの片田舎レイコック・アビイの屋敷で実験を重ねていた頃とは、とても比較できないほど光による描画は発展した。「自然の鉛筆」は生まれた当時すでに、草花、ガラス瓶、レースといった小さなモノから、納屋、教会、都市といった大きなモノまでを克明に記録できる技術であったが、それからたった180年あまりのうちに、地球をもうひとつ作り出すほどに成長したのである。

非物質から超物質性へ

言うまでもなく、これは今日の写真の使用法のほんの一部に過ぎない。医療技術やセキュリティ産業も含め、二一世紀は「光による描画」の爆発的な応用の時代とも言えるだろう。そこでは物体とイメージの二項関係はもはや消えている。物体はイメージの一形態であり、イメージは物体の一形態と言ったほうがよい。あるいは物体としての存在様式と、イメージとしての存在様式が二重化しているのがモノであると言ったほうがいいだろう。このようなモノの持つ性質を「超物質性」と呼びたい。それは文明の夜明けから二一世紀初頭までに人類が生産したデータの総量を、数日分あるいは数時間分、やがて数秒分の総データ量が凌駕する時代に特有の物質観になるだろう。たとえばＩｏＴのように常時データ化されているモノがある。データ化されるだけでなく、それが常時接続されて存在するモノの様態は、もはや物質－非物質という二項的なカテゴリーには収まらない。

超物質性は、モノがある種のプロセスにあることを示している。３Ｄスキャンされたデータそれ自体はモノではない。それはイメージとしての存在様式であり、それは別のモノを生み出すことができる状態でもある。その意味でモノは多元的な様態をもち、またモノは技術を介して、別のモノとの関係性のうちにある。あるモノが作り出されるためには、道具や技術といった別のモノが必要であり、どのモノも他と無関係に存在しえない。その関係は、ふだんは目に見えず、意識されることもないが、何かのきっかけで複雑な関係性の網の目が浮上する。たとえば故障や事故が起きたとき、わたしたちははじめて、それに気がつく。

アートはこのようなモノの特殊な存在様式を顕わにすることができる。イメージと物質の関係に介入し、それを別の関係へと変換することによって、問いを立てるのである。その究極の問いは、やはり人間についての問いだろう。人間とは何なのか、なぜイメージを創るのか、生に意味はあるのか、わたしたちはどこへ行くのか……これらの問いは、科学技術がどれほど発展しても、それだけでは答えられないものである。データ化の最大のターゲットは人間である。日々の行動や個人情報から生体情報や遺伝情報まで、徹底的にデータ化される人間は、それでも、もって生まれた身体と感覚をたよりに生きてゆくしかない。このようなデータ化を受け入れて生きる、回線に接続された生活とは、超物質性そのものであり、その意味で人間は二重存在的になるだろう。そしてこの特殊な存在様式が、外から与えられたのではなく、人間の特殊性に由来するものである以上、わたしたちは自分自身で考え、答えを見つけるほかはない。

特に今日、ひときわ痛切な問いは、生の意味である。生命がモノとして、ほぼ無際限に操作され、細胞のレベルで時間の巻き戻しが可能になった現在ほど、生きることの意味が分からなくなってしまった時代はないだろう。生命のメカニズムが明らかになればなるほど、生命は無意味になってゆく。現代の文明は、生命と意味とを完全に切断し、意味の代わりに無意味を据えることで、取り返しのつかない結果をもたらそうとしているのではないだろうか。

与えられたものを返すとき……

今後も爆発的に進展する科学技術の行く末で、では35年後にわたしたちの社会はどのような状況を招いているだろうか。一九八五年に現在の状況を予想するのが難しかったように、二〇五五年の世界を描くことはできそうにない。そこで『非物質』展に戻ってみると、展示されていた作品のうち、いまも寸分も変わらず存在しているイメージが、少なくともひとつだけあることに気がつく。それは展覧会の始まるプレリュードとして置かれていた、美しい石のレリーフである。

エジプトのカルナック神殿の北から発見されたこのレリーフは、ネクタネボ2世（在位紀元前三六〇－三四三）の時代のもので、現在はフランスのグルノーブル美術館に保管されている。女神は片手で優しく王の肩を抱き、もう片方の手を王の口のあたりにかざしている。女神の指は、その体つき同様に繊細かつ優美で、その掌から王の鼻先へ向かって、アンク（Ankh 先端に楕円のついた十字）と呼ばれる徴《しるし》が浮遊している。神が人間へ向けて、「徴」を与えている瞬間のイメージである。

人間は生命と意味とを受けとった――すなわち魂を。彼らはそれを完璧にし、完全無欠な形で返さなければならない。今日、それがなされるべき何かがあるだろうか？　ここに、本展の最大の賭けがある。

『非物質』展の監修者らがその冒頭においたこの問いに答えられる者は、現在もまだいないと思われる。当時と同じように、いやもしかするとそれ以上に、生命と意味との乖離は大きくなっているからである。だが以上のような物質とイメージの状況を考えたうえで、わたしはいま、この問いに別の響きを聞き取ろうとしている。この問いは35年前のものではなく、２０００年以上前のものではないのだろうか。それは永遠の生命を信じ、ミイラをはじめ、物質を超えようとするさまざまな技術を開発した人々の、最後の王朝が終わろうとしていた時代のレリーフである。彼らにとっても、すでに生命と意味との関係は、もはや明らかではなかったかもしれないのだ。

すなわち与えられた魂をどうやって、完全な形で返すことができるのか、分からなくなっていたのかもしれないのである。だからこそ、その「徴」が与えられる瞬間――それはほとんど写真的な瞬間である――を描く必要があったのではないだろうか？

物質に宿る生命とは何か。生命に宿る魂とは何か。そして非物質化文明に残された最終的な問いは、魂を与える神とは何かへ向かうだろう。

顔の未来

３Ｄ写真を撮影できるデジタルカメラが発売されたことがある。いわゆるステレオ写真はダゲレオタイプの時代から存在しているが、富士フイルムが発売した新製品は、ふたつのレンズで撮影した映像を合成し、カメラに内蔵されている画面で、そのまま立体画像を見ることができる。撮影した直後に裸眼で立体視ができるのは画期的で、しかも静止画だけでなく動画も３Ｄで撮影し、表示できる。立体映像の普及にとってはちょっとしたイベントにはなった。コーヒーを飲む人を撮影すると、手に持ったカップがこちらにぐっとせりだしていて、たわいもない写真なのに面白い。立体映像に慣れてくると、これまでの平面が、どこか物足りなく感じられてしまうくらいで、それも怖ろしい。今後は大型の液晶ディスプレイにも、次々に立体視機能が付け加えられるに違いない。

こうした新製品が休みなく繰り出され、忘れられてゆく日常にあらためて驚かされつつ、それにつきあっているだけで一生が終わってしまうのではないかと、反省してみたくなる。デジタル映像機器の画素競争は限界を超えているように見えながら、限界はなさそうである。リアリティの目指す方向は立体感を超え、『モレルの発明』に近づいてゆくかもしれない。よりリアルな再現への技術的探求は、とどまるところを知らないようである。

それにしてもなぜ現代の映像技術は、こうまでリアリティを追求するのだろうか。冷静に眺めてみると現在の映像技術が探求しているリアルさは、必ずしも人間が本来もっているリアリティの感覚とは一致しないことがわかる。それは「増幅されたリアリティ」としての「ほんものらしさ」と「再現性」を実現しており、そのための技術が爆発的に進んでいる状況があることはたしかだろう。だが果たしてそれがすべてなのだろうか。ここでは技術的に増幅されたリアリティとは違う視点から「ほんものらしさ」や「再現性」について考えてみたい。

街角の肖像画

たとえばビルの壁面を覆う街頭スクリーンが立ち並ぶ渋谷駅前は、典型的な日本の風景としていまや世界中に知られている。東京の住人であればほとんど気にも留めずに歩くところだが、もしそこに初めて降りたった人ならば、異様に感じてもおかしくない一角がある。交番の壁に貼り出されている、人相書である。わたし自身がそれにはじめて異様さを感じたのは、オウム真理教による地下鉄サリン事件後に、容疑者のポスターがずらりと並んだときだった。その光景をありありと思い出せるのは、世界の多くの都市を訪れた記憶をたどってみても、街角や駅の構内に指名手配ポスターがあれほど多く貼ってある国はないのではないかと、あらためて驚いたからだった。まるで「捕り物帖」の世界、いまにも「御用、御用」の掛け声が聞こえてきそうな、昔の風景ではないかと、すこし居心地が悪い思いをしたのだった。

だがそれは、わたしの勘違いだった。大江戸を舞台にしたテレビの時代劇によく出てくるいわゆる人相書は、実際は絵ではなかったようである。そのような絵があまり残されていないというだけでなく、捜査用の似顔絵が一般化していたという記録もない。江戸時代に実際に用いられたのは絵ではなく、目撃者からの聞き書きを言葉で記述したものだった。史実として確かめられてもいないのに、わたしたちのほとんどが、半紙に筆で描いた似顔絵を大江戸捕り物帖の道具として信じ込んでいるのは、指名手配のポスターが今の日本に溢れかえっているからに過ぎない。

いっぽう指名手配のポスターには、日本人にもほとんど知られることのない世界がある。こう書くと、身分証明写真や司法写真から生体認証技術の分野で進んでいる、画像分析技術のことと思われるだろうが、取り上げるのは、そのような最先端の映像技術とはさしあたり関係がない。レンズもなければ複雑な解析プログラムもない。紙と鉛筆とそして消しゴムのみで作られる、似顔絵である。

捜査用のイメージとして一般的に知られているのはモンタージュ写真だろう。言うまでもなく髪、眉、目、耳、鼻、口など顔の部分を目撃者の証言に基づいて組み合わせたもので、日本語で慣例的に「モンタージュ写真」と言うものの、顔のパーツが写真でない場合もあるから、厳密にはモンタージュ・ポートレートと言うべきかもしれない。ともあれわたしなどの世代には、本当に長いあいだ町に貼られていた三億円強奪犯のモンタージュ写真がすぐに思い出されるが、この事件が未解決であるように、ふつうの顔写真と見まがうばかりにうまくモンタージュされた写真があっても、それが犯人逮捕にそのまま結びつくというわけではないようである。

いっぽう捜査用似顔絵と呼ばれるのは、顔のパーツを組み合わせるのではなく、目撃証言を聞きながら描いてゆくデッサンである。特別な機械を必要とするわけではないから、こちらのほうが簡単で誰にもできそうな気がする。米連邦捜査局（ＦＢＩ）は聞き描きによる似顔絵捜査員を養成しているようだが、それが現在でも正式な捜査方法として用いられているかどうかは分からない。ところが日本では有効性が認められて、警視庁によって正式に採用されている捜査手段である。けっして前時代的な方法ではなく、いまも現役の警察官が専門職として行なっているのである。以下では、ある鑑識課の「似顔絵捜査官」の経験と研究を参考にしながら、なぜこの方法が写真に劣らず有効な手段なのかを見てみたい。[9]

ふつうの人を描くには

目撃者の証言を聞きながら、できるだけその話に合うような顔を描く。

簡単といえば、これほど簡単な方法もない。観光地で商売をしている似顔絵画家の延長として想像する人も少なくないという。だが捜査用の似顔絵制作とモデルを前にした画家とでは重要な違いがある。似顔絵捜査官の目の前にいるのは、モデルではない。モデルとなるべき誰かを目撃した人である。通常の肖像画家と異なるのはこの点である。似顔絵捜査官は、最終的に誰を描いているのかを知らない。では目撃者が知っているかといえば、必ずしもそうではない。重要参考人かもしれないし、失踪者かもしれないが、ほとんどの場合目撃者はその人物が誰かは知らず、記憶だけを頼りに言葉で描写しなければならない。記憶のなかにしか存在しない人間の印象を、言葉を介してイメージに移してゆくのが似顔絵捜査官の作業である。

ただし描き方の基本は、表面的にはふつうの肖像画家と同じである。顔の輪郭、目や鼻や口元などのパーツ、全体のバランスなどを順番に聞きながら描いてゆくわけだが、大きく異なるのはそのときの描き方だ。少しずつ線を足してゆくところは人物デッサンと同じだが、そのたびに目撃者に印象を確かめて、違っている場合は消しゴムで消しながら別の線を加えてゆく。似顔絵捜査官が強調するのは、この修正の過程である。

記憶術の天才でもないかぎり、目撃者の記憶というのは曖昧なものだ。そこで次のような、典型的なやりとりが発生することになる。

「髪はどんな感じでしたか？」

「髪は……ふつうの髪型でした」

「目元の特徴は？」

「ふつうの目だったと思います」

「口元の印象はどうでしょう？」

「ふつうの感じですね」

捜査官にとっていちばんの悩みは、この「ふつう」である。わたしたちはほとんど無意識のうちにこの表現を使っている。とりたてて強く覚えている部分や、目立つような印象がない場合は、すべて「ふつう」となるが日常的にそれで問題はない。ふつうの人がふつうの道をふつうに歩いていました、というのが実はいちばん正直な感想だったりするのだ。だがその「ふつう」が何を意味するのかは人によって異なる。これだけでは捜査官はどう「ふつう」なのかを描けないし、いっぽう目撃者のほうではどう思い出してみても「ふつう」だから、それ以外の言葉が見つからずに苦しむことになる。この「ふつう」を分析できる能力に、似顔絵捜査の重要な鍵があると思われる。

記憶の後進とは何か

言葉を換えれば、それは修正と調整の技術とも言えるだろう。ほとんど特徴のなさそうな顔をつくってゆくうちに、ある段階で「全体的な印象が違う」と目撃者から指摘されることが多いというが、それが「だいたい合っています」となるまで、何度となく修正と細かな調整を繰り返してゆく。だから「消しゴムで描く」というのは、けっして誇張ではない。

ちなみにこのような捜査用人相書が江戸時代に行なわれなかった理由のひとつとして、この捜査官は材料の違いをあげている。話しながらその場で何度でも修正してゆくには、それに耐えうる丈夫なケント紙と消しゴムがどうしても必要である。だからいちど描いたら消せないような材料、たとえば和紙に墨ではぜったいに不可能だというのである。

この過程でしばしば興味深い現象が起きる。すべての目撃者が対象をしっかり見ているわけではない。実際は、「見かけはしたものの、よく覚えていない」というほうが多いのである。それでも少しずつ印象を聞き作画をしているうちに、とつぜん印象が出てくることがある。捜査官らはこれを「記憶の後進」と呼んで、作画をしながらその瞬間を待っている。

たとえば半ば描かれた顔を見て、ここが違うと修正を求めるときなどに記憶の後進は起きるという。特徴をはっきりと言葉にすることができなくても、「そのデッサンとは違う」ということだけははっきりしている、という場合、そのときの修正点がトリガーとなって記憶が鮮明になってくる。

それは捜査官の経験と勘が生かされる場面ともいえる。彼が紙のうえに描こうとしているのは誰かの顔であるが、目撃者とのやりとりをとおして彼は、モデルとなる誰かと目撃者との位置関係や光線の角度もふくめた、その場の環境全体を想像しなくてはならない。たとえば顔が黒く見えたという場合、皮膚の色が濃かったのか、それともたまたま逆光の位置から見ていたから黒く感じられたのか、環境全体がわからなければ正確に再現することは不可能である。

顔の構成部分はほとんどあっているのに印象が違うという場合にも、顔そのものではなく、顔をそのように見せている周囲の条件が影響を与えている可能性がある。捜査官はそこで、目撃者が立っていたと思われる位置から見た印象を想像しながら、周囲の条件を変化させ調整してゆく。

説明を聞きながら顔を描くことなら誰にでもできそうだが、この捜査官が、一般の画家に捜査用似顔絵を描くことは不可能であると断言する理由は、このあたりにある。まず彼は目撃者の心理状態を理解し、対応しなければならない。目撃者が自分の認識を伝えられないとき、その原因を理解しなければならない。また得られた情報を鑑識捜査など他の情報と関連づけて資料としなければ、意味がない。つまり心理面と技術面の両方において専門知識が要求されるわけである。

捜査に役立つような肖像を得るのが最終的な目標とはいえ、そこにいたるまでのプロセスも重要だということがわかる。もともと美術におけるデッサンには作品の下絵とは別に、習作という性格がある。それは描くという行為を通じて認知過程をたどりながら、自分が世界をどのように見ているかを意識化するということであるが、似顔絵捜査にもそれと似たような性格が認められるのではないだろうか。それを捜査官が描いた線を修正しながら、忘れていると思い込んでいる細部を意識化してゆくプロセスと見ることも可能ではないか。

ここで一般的なデッサンとちがうのは、捜査用似顔絵が成立するには少なくとも三つの条件が必要だという点である。

1　目撃者が記憶を視覚的なイメージとして顕在化させること。
2　目撃者がそのイメージを自分の言葉で言語化できるということ。
3　言語化された内容から線画が描けるということ。

デッサンの素養があるだけでは不可能なのは、捜査官にとって第一と第二の条件をいかにして有効なものにするかが、大前提になるからである。特に起こりやすいのは、なかなか言語化できずにいる目撃者にたいして、「こうではなかったですか」と言葉を与えてしまうことだと、この捜査官は注意している。選択肢が与えられると作画はスムーズになるからだが、逆に重要な情報が抜け落ちてしまうことにもつながる。その場合は、無理につづけて捜査官側の思い込みや推論が入ってしまうよりは、作画を中止したほうがよいと指摘している。

モンタージュ写真のパラドクス

このようなプロセスを経て出来上がった絵には、いったいどのような特性があるのだろうか。たとえば写真やビデオなどの映像技術を使ったポートレートとのちがいはどこにあるのだろう。

まず気になるのはモンタージュ写真である。一般性からいえば、モンタージュ写真のほうが世界的にも広範にそして長いあいだ用いられている方法であり、とくに目撃者が複数の場合には時間のかかる似顔絵などよりもはるかに効率がよいはずである。にもかかわらず、似顔絵捜査が有効なのは、モンタージュが「選択」を基本にしているからだという。

たとえば目撃者に眉の形状をモンタージュ写真のなかから選ばせるとする。そこに五つのパターンがあれば、いちばん近いものを選ぶだろう。パターンを多くすれば、さらに正確な形状が選べるだろう。ところが実際はそうではなく、選択肢の数が多くなればなるほど、目撃者は記憶の混乱を起こす場合が多い。モンタージュ写真のパラドクスは、選択の数を増やしすぎると目撃意識が混濁し、ひいては記憶内容の崩壊を引き起こしかねないところにある。

似顔絵の作画はモンタージュと似てはいるが、与えられた選択から選ぶわけではない。この捜査官が「モンタージュは〈選択〉、捜査用似顔絵は〈分析〉」と表現しているように、似顔絵は分類学的な顔の形状に基づいているのではなく、あくまで目撃者がいた現場全体の状況分析の一部として描かれているということになる。今日、モンタージュ写真の技術は向上して、データ化された顔のパターンからCGで合成する場合も多いようだが、基本的にはそれも選択をベースにしていると言ってよいだろう。

このことが「似顔絵のほうが写真よりも情報量が多い」とする、逆説的な表現にもつながってくる。似顔絵捜査官が自信をもってそう言うのは、手配写真では埒《らち》の明かなかった事件が、似顔絵のおかげで解決に導かれた例が少なからずあるからにほかならない。なぜそうなったかの理由は、個々の事例によっていくつもあるだろう。似顔絵よりも、偶然による場合もあるにちがいない。しかし捜査官は写真よりも情報量が多いとする最大の理由として、人間は写真のように対象を見ることはできないし、また写真のように記憶することもありえないという事実を指摘している。

ほとんどの人間は、全体的な形状から個人の雰囲気をつかみとっている。全体の像として雰囲気をつかんでおり、顔はそれを代表しているのである。時代劇の取り調べの場面などで、代官が「おもてを上げい」と言うときの「おもて」は顔の意味である。顔は人物のおもて、すなわち人物を代表する「表」であり「面」である。このことは英語のフェイスに通じる。外見や形を意味するラテン語から派生し、表立って見える部分という意味で顔となった。顔の不思議さを思索したマックス・ピカートは、それが人間の内部と外部の関係を保つと考え、端的に次のように書いた。

顔は顕現《あらわれ》であり像である。

(『人間とその顔』、40頁)

写真であれ監視カメラの映像であれ、顔の構成部分がはっきりと描かれている映像では、部分の印象が強調されがちで、それが全体がもっている個人の雰囲気を損なうことになる。言い換えると、ふつうの人間は「森を見て木も見ている」のであり、それは人間が人間にたいして本来もっているリアリティの感覚である。像とは全体性である。

画像分析から生体認証まで、個人を特定する技術が飛躍的にすすんでいる今日にあって、あたかも時代に取り残されたかのような似顔絵が、驚くべき役割を担っているのは、このあたりにあるかもしれない。似顔絵捜査の作画は、最初にも述べたように、そこには存在せず、しかも多くの場合それが誰なのかが分からないという状況で、つくってゆく絵である。あいまいな記憶から立ち上げられる線画はいかにも頼りないが、実はそれこそがわたしたちの頼りない記憶にいちばん忠実なイメージかもしれないのだ。

すくなくともここでは、「ほんものらしさ」と「再現性」について、現在の映像技術とは異なる思考や想像力が必要になってくるように思われる。作画者が知らない以上、もちろん想定される肖像は100パーセント目撃者の記憶にかかっているが、それを引き出す捜査官との共同作業がなければ不可能な絵であることが重要である。

この「共同作業」とは目撃者の認識が、捜査官の専門的な知識と組み合わせられ最適化されることだ。そこには言語化とイメージ化の、二重のプロセスがある。そのプロセスにおいて作画されるイメージとは、修正と調整を可能にする一種の「中間生成物」である。ときには両者が予想もしなかったような事実を明らかにするような「装置」でもある。両者が心の全体を傾けて手に入れようとしているのは、イメージのリアリティである。

したがってイメージは、このリアリティを構成するための一部分でしかない。また両者にとって何よりも大切なことは、イメージを活きた構成部分とするための、相互理解と信頼にほかならない。それがなければ、描画は不可能である。最終成果物としての映像だけを指すイメージと区別して、これを構成的イメージと呼んでもいいだろう。イメージとはもともと、最終成果としてのみで存在するものではなかったはずである。そこには存在していないが、どこかにあるはずの何かに至るための道であり、その道を構成する可能な線の総体がイメージでなければ、似顔絵がこのようにして生き延びていることなどなかっただろう。

監視の全域化

しかしこのような似顔絵イメージのプロセスは、今日の高度化した監視社会のなかでは、あたかも絶滅危惧種のように見える。技術的にそうだからというよりも、高度化した監視テクノロジーには、相互理解も信頼も必要ないからである。監視を支えるのはむしろ不信と相互理解の不可能性であり、それが監視そのものに「商品」としての価値を生み出している。

セキュリティと監視装置は、過去数十年のあいだにますます重要な市場区分として出現し、監視の販売は今日これまでになく重要になっている。[10]

（『9・11以後の監視』、98頁）

これは監視社会論の第一人者であるデイヴィッド・ライアンが、二〇〇三年に発表した『9・11以後の監視』の一節である。二〇〇一年の同時多発テロ以降、急速に拡大していった監視社会化の論点を歴史を遡って整理し提示した名著だが、同じ著者が二〇一五年に著した『スノーデン・ショック』と読み比べてみると、「過去数十年」どころか10年ちょっとのうちに、わたしたちを取り巻く環境が完全に変わってしまったように感じる。後者はタイトルが示すように二〇一三年六月、NSAアメリカ国家安全保障局が行なっているデータ監視の凄まじさを暴露した「スノーデン事件」を念頭に置いたものだが、前者と後者では監視の質的な違いを認めざるをえない。それは著者が引用しているエドワード・スノーデンのコメントにも明らかである。[11]

『一九八四年』に登場する監視用の録音装置、ビデオカメラ、テレビなどといったような類の情報収集は我々が今日利用できるものとは比べものにならない。どこへ行こうが我々を追跡できるセンサーを我々は自分のポケットの中に持っている。（『スノーデン・ショック』、4－5頁）

スノーデンが明らかにしたことのひとつは、NSAや同類の機関が行なってきた監視が、フェイスブックのポストやツイッターのフィード、GPSの履歴など、スマートフォンのようなサービスから集められたデータに依存していたという事実である。自由と娯楽のために登場したはずのスマホが、友人とつながるだけでなく、国家の監視要員と知られずにつながっていたことの衝撃は忘れられるどころか、数千万人分におよぶ「個人データ流出」といったニュースとともに、深刻さを増している。

ライアンは「スノーデン以降」に監視を考える際の論点として、「政府が自国民を対象にした大量監視に関わっていること」「企業は互いの利益のために所有するデータを政府と共有すること」そして「ソーシャルメディアの交流などを通じて市民も監視に組み込まれていること」をあげている。三つの論点のうち最初の二つは、『9・11以後の監視』においてもある程度認められたはずだが、三番目については二〇一〇年代以降に顕著になったことである。

三つの状況を合わせると、ライアンによれば、今日の監視が「液体のように流動的」であり、「監視は自由に部門から部門へと移ろい、政府とビジネスとの間を行き来し、そのゲームに参加するにつれて一般の人々によっても担われる」ようになる。その流動化の全体に影響を与えているのが、ビッグデータである。スノーデンが言うように、ジョージ・オーウェルが予想した未来の監視をはるかに超える現状を一言で表すなら、ビッグブラザーからビッグデータへということになるだろう。[12]

一例をあげてみたい。シンガポールは建国から半世紀を経て、いまや日本を抜いてアジアでトップレベルのGDPを達成しているが、その熾烈な経済競争と歩調を合わせるように進んでいる高度監視国家でもある。高層ビルに囲まれた公園の一角に「スピーカーズコーナー」という看板が立てられている。公園内で誰でも自由に発言できる一角はロンドンのハイドパークをモデルにしたものだろうが、シンガポールではそこだけが、「公的な」発言を許可された場所なのである。看板には画角360度の監視カメラが設置され、誰が何を発言したかがリアルタイムで録画されている。完全に管理された「言論の自由」であるが、シンガポールは通称「フェイクニュース法」と呼ばれる法律を整備しつつあり、リアル空間だけでなくネット上でも「公的な発言」を管理する方向に進んでいる。

また都市空間とネットをつなげて管理する方法として注目されているのが、「国家センサーネットワーク」と呼ばれるプロジェクトである。これはシンガポール国内の街灯をすべてセンサーで結んで管理するというアイデアだが、街灯には監視カメラも設置される。つまり10万本以上の街灯がすべて監視装置になるという、大規模セキュリティシステムである。

その先に控えているのは、個人識別になるだろう。

中国ではすでに顔認証による決済が導入されている。いずれは全国民がカメラに顔をかざすだけで支払いが可能になるかもしれないが、そのためには個人の信用情報を把握することが必要になる。日本でもコンビニでの買い物や公共料金の支払いだけでなく、年金や納税といったあらゆる決済を個人の信用情報と結びつけ、一元的に管理するようになる。もしその情報が「監視カメラ街灯」によって集められた情報と結びつけば、もはや「プライバシー」という概念さえ意味をなさなくなるだろう。

二〇一七年六月の『ウォール・ストリート・ジャーナル』によれば、中国政府は二〇二〇年までに監視カメラ4億5000万台を新設する予定である。驚くべき数だが、国民一人あたり数台のカメラが装備される日も遠くないかもしれない。記事はこれに加え、同じ二〇二〇年までに、職場を含む公共空間や金融取引における行動に基づき、すべての市民を格付けする制度の導入が望まれるとも書かれている。格付けは「社会的信用」制度と呼ばれる。

国家としてのサイズは比較にならないほど違うが、シンガポールと中国が進めている監視国家化は同じ論理で動いている。経済成長を最優先するうえでの国民の選別である。経済的な優等生を選良として国家が信用を与え、それに応じて自由を配分するという究極の管理国家の誕生である。これはディストピア小説ではなく現実に進行している実験であり、そのシステムは他の国にも輸出できる内容になるだろう。

パノプティック・ソート

近未来を描いた映画でしか見たことがないという感想が出てくるかもしれない。[13] だがどんなことにも前史があるように、両国で突出して進行する国民の選別と管理は、中国が始めたものでもシンガポールの発明でもない。それは資本主義経済に潜在する論理なのであり、具体的には個人の信用を評価格付けするシステムとして長い時間をかけて発達してきたものである。すでに一九三〇年代にはシュピーゲル社という格付け会社が「バイタル・クエスチョン・システム」という名の評価システムを開発しており、そこでは与信申込額、職業、婚姻歴、人種の四項目が個人データとして収集されていた。こうした評価プロセスを「パノプティック・ソート」と名付けたオスカー・H・ガンジーJr.は、次のように説明している。

> 私はパノプティック・ソートを、先端技術を利用した人工頭脳工学に基づく選別プロセスと考えており、それによって個人あるいは集団が、その推定上の経済的・政治的な価値に基づいて分類されていくのである。こうして貧しい人たち、なかでもとくに有色人種の貧しい人たちは、市場のハイエナたちにますます欠陥材料や傷もの商品のごとく扱われ、バーゲン価格で売り飛ばされるようになっている。[14]
>
> (『個人情報と権力』、4－5頁)

ミシェル・フーコーの一望監視施設パノプティコンを下敷きにしたガンジーは、一九九〇年代初頭に米国企業によって行なわれている評価格付けのシステムを調査し、「パノプティックな技術は監視を目的とするのではなく、種類や型に応じて対象を分類する機能も含まれる」と指摘した。そしていったん分類が始まると、その構造は実験室としての機能を持ち始め、やがては実験対象となる人間の習慣を変え始める。ベンサムが考案した監獄とは異なり、単なる牢獄でも工場でもない社会そのものが、階級と規律を追求するパノプティック・マシンとして機能し始める。ガンジーにとって、現代の合理主義を体現するテクノロジーとは、「一人の個人を、離れた場所から本人と会いもせずに、自動的かつ包括的に捉えることによって、その人を識別、分類、評価し、選別すること」を目的としている。これを敷衍すれば、もはや「一般大衆」は存在しない。それは「各個人のプロフィールに応じてさまざまな形で現われる虚像、幻影にすぎない」(同書、7頁)。

シンガポールはまさに、ガンジーがいみじくも「実験室」と呼んだ段階を示しているように思える。中国が進めている全国民的な信用情報ネットワーク化は、一九三〇年代にシュピーゲル社が開発したシステムの、高度化とも言える。仮にこのシステムが完成しビッグデータを活用したパノプティック・ソートが全世界化したとして、そのような世界で生きるということは、いったい何を意味するのだろうか。

シンガポールで進行する論理を極端に表現すれば、高度な信用格付け社会で生きることは、経済成長のために生きることになるだろう。国が発展するために、選良的な信用を獲得することに人生の究極のゴールがあることになる。そんなことはありえないと思うかもしれないが、すでに述べたガンジーの説明を当てはめれば、経済成長を最優先するという「実験室」のなかで、徐々に習慣が変わった人間というだけのことである。このような国家にあって信用の拡大を目標とする限り、そこから逃れることは難しそうである。

コードが欲望するとき

このような消費社会の欲望と監視社会の深い絡み合いを、アートを通して考え続けたのが三上晴子である。《Desire of Codes ｜欲望のコード》は、タイトルが示唆するようにコードが、つまりヴィレム・フルッサーが「メタコード」と呼んだ、情報社会を動かす装置の作動を独創的な方法で可視化する作品である。《モレキュラー・インフォマティクス》と異なり、やや複雑な構成をもった作品だが、三上自身はそれを「情報生態系社会に増殖する欲望」の表現であると考えていた。まず作品の概要を見ておきたい。およそ三つの部分に分かれるが、全体でひとつの作品として公開された。[15]

1　会場に入ると、まず横14・4m×高さ4・5mの白い壁面に、縦6列、横15列に設置された「ストラクチャー」と呼ばれる装置が動いている。これは90個の「ユニット」からなり、それぞれの「ユニット」は壁の前を通る観客に反応する。人が動くと、ユニットはそれに追随するように動くが、動くときにカメラのシャッター音のような駆動音が生じる。壁の前を歩くと、ストラクチャー全体が機械的なさざなみのようになり、ざわめきの空間を作り出す。

2　大きな部屋の中央には、天井に取り付けられた「ロボテックス・サーチアーム」と呼ばれる6台の装置がある。それぞれにビデオカメラが搭載され、観客の位置や動きを感知してその方向へ動くようになっている。部屋には58個のセンサーがあたかも蜘蛛の巣のように張り巡らされ、人間の動きに対して敏感に反応するからである。アームの動きはなめらかで、生き物のように観客の動きに追随する。先端には高精細カメラと超小型のレーザー・プロジェクターが装着されており、観客をカメラで捉えると同時にその姿をリアルタイムで床面に投影する。観客が立ち止まると、カメラはズームしてまるで本人を認識しているかのような印象を与える。そこで別の観客がセンサーに近づくと、アームはそちらのほうへ向かう。滑らかでかつ精確な動きを見ていると、どこかに6台のカメラをリアルタイムで操作している誰かがいるような気がしてくる。

3　会場の奥には、円形のプロジェクションがある。虫の複眼を思わせる形状で、そこに前述のカメラの映像や、公共空間にある監視カメラの映像が投影される。興味深いのは、会場のカメラの画像は、世界各地の監視映像とともに、一種のデータベースの一部になって、現在だけでなく、過去の映像も映し出される。「複眼」は時間的にも空間的にも複数の映像から成るので、「複眼スクリーン」と呼ばれる。スクリーンの前に立つと、ネット上にあるどこかの監視カメラ画像のなかに、自分自身の姿が現れることになる。

［上］『欲望のコード』展（YCAM 2010）より、「蠢く壁面」と天井から吊り下げられた「多視点を持った触覚的サーチアーム」
［下］第16回文化庁メディア芸術祭優秀賞を受賞した『欲望のコード』展示会場（国立新美術館 2013）にて、オープニングで説明する三上晴子さん。左は坂根厳夫さん。背景は小型カメラが触覚のように作動する「蠢く壁面」

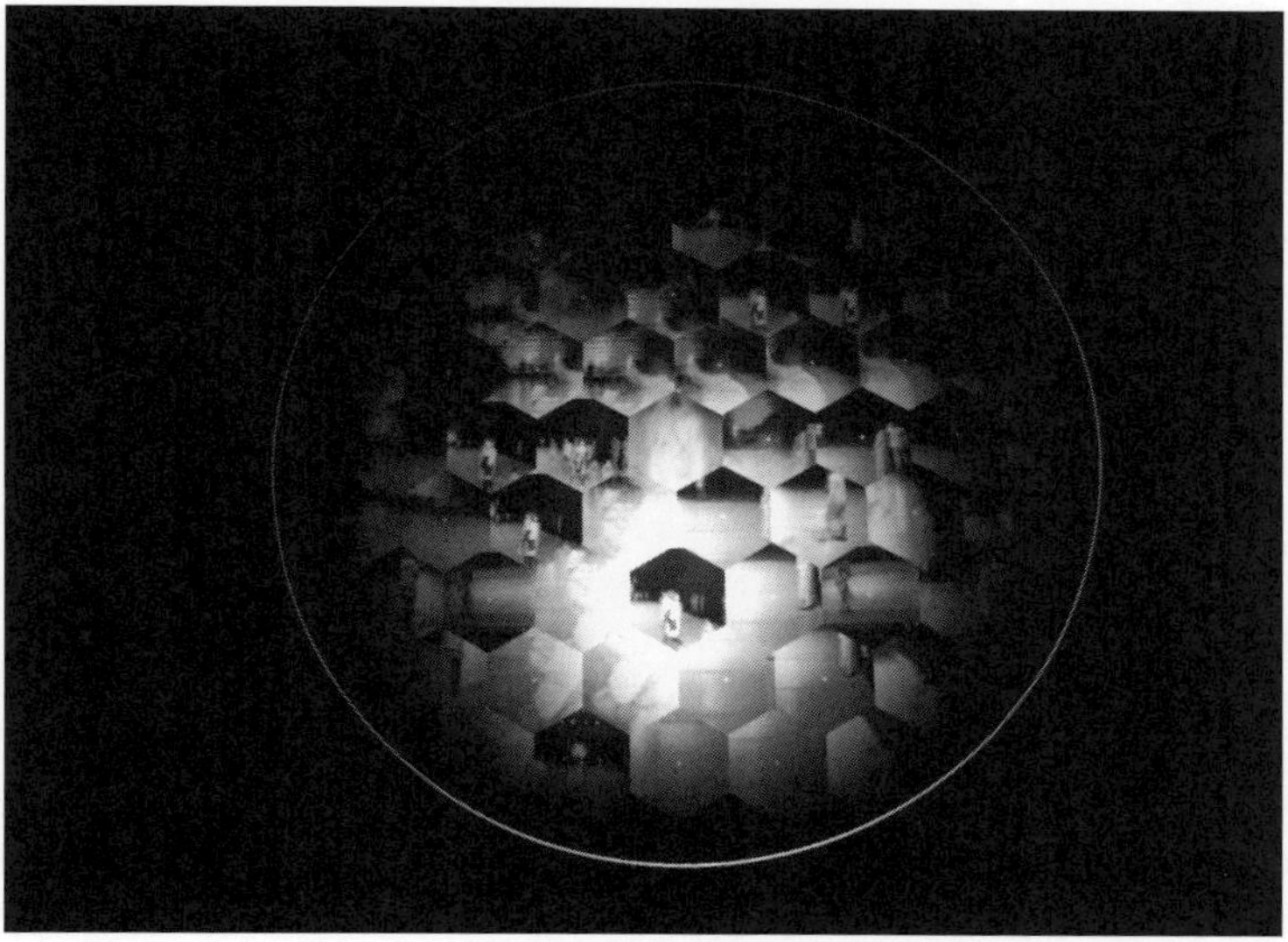

『欲望のコード』展（YCAM 2010）より、「巡視する複眼スクリーン」

他にあまり例のない、不思議な構造のスクリーンである。公開時の説明では「観客の皮膚、眼、髪、靴などのリアルタイムの映像」と、「5秒前あるいは5時間前、5日前、5週間前などの過去の映像」が含まれる。それに加えて「飛行場、公園、廊下、湖、雑踏、コンピュータルームなどの世界中の監視カメラ」の映像も同時に映し出される。「複眼」とは、それらの映像が61個の小さな枠に次々と映し出される状態のことだが、それらはまるで「分断された夢や、脳の記憶を見ているか」のような様相となる。驚くべきことに、それらの映像は一種のデータベースとして保存されており、そこには顔貌認識のシステムも組み込まれている。読み込まれた映像をシステムが「人の顔」だと認識すると、自動的に「人面データベース」へと取り込まれる仕組みである。[16]

情報社会と二重存在論

まるで今日の高度監視システムの雛形のような作品だが、作者はいったいどのようにして構想したのだろうか。三上は公開時に、鍵となる言葉をひとつ明らかにしている。「二重存在論」である。ふつう個人はパブリックとプライベート、すなわち公的空間と私的空間を住み分けて生活しているが、今日ではその境界が曖昧になっている。境界はパブリックとプライベートから、「データとしての身体」と「ここにある肉体」へと移行しつつあるというのが、三上の認識だった。その状況を表現するためのコンセプトとして、三上は次のように説明した。

情報化社会では、欲望が渦巻くところにさらなる欲望が加速され、あなたのデータは剝き出しに反射、解析、書き換えられ、二重の個が螺旋状に存在していると言えます。

（作家コンセプトノートより）

卑近な例はネットショッピングである。三上は、インターネットで友人の誕生日のプレゼントに「クマのぬいぐるみ」の本を購入した場合、その次に起きることを考えるとわかりやすいと説明する。「わたし」はインターネット上のデータでは「クマのぬいぐるみに興味がある人物」と認識され、たとえばクマの絵本など、興味がないカテゴリーのメールが続々と届く。この状態は、「クマのぬいぐるみが好きな人物」というデータとして存在している「私」が、延々と「私」の元に現れることである。つまり自分が何の気なしに打ち込んだ「欲望の情報」は、増殖してゆくのである。言うまでもなく、それは検索サービスやSNSに内在する仕組みだが、三上はその先にある未来も含め、インタビューのなかで次のように指摘した。

ユーザーの行動記録がグラフ化されている現在はその行動もトレースされています。ソーシャルネットワークにより認識されているあなたに合わせるようにあなたが行動することもあるかもしれません。また、グーグルなどの検索システムは、我々の意識する以前の情報、つまり我々の脳の中身をダイレクトに集積していると思われます。私が答えを得ようとして、あれやこれや思考を巡らせてタイプする検索キーワードの履歴は、いつのまにか私自身を映し出している鏡になっているのかもしれません。そしてさらに我々の死後も我々のデータやメール情報などが、コードとなって我々の残骸として、また自己複製としてトレースされ、永遠にネット上に漂うのかもしれません。

この二重存在論はネット上だけではありません。もし、あなたが昨日購入したもの全てのレシートやクレジットカード、ポイントカードなどのデータがここにあるとします。これらのデータの羅列から本当のあなたの姿が浮かび上がるという分析もあり、はたしてこのような「データ」があなた自身なのか？　あるいは、目の前に現実にそこに存在する肉体があなたなのか、という問いが出て来ます。もしあなたのＩＤやコード自体が欲望をもったらどうなるのでしょう。個人情報の問題は、今後も加速していくでしょう。例えば住基ネットに代表されるようにひとつのコードでパスポート、年収、支出、納税額、交通違反歴、病院の通院歴など、あらゆる個人の行動がひとつのコードに情報化されていく可能性も否めません。それ以上に、それがあなたの病院の病歴記録だけではなく、あなたのおじいさん、さらに祖先までが何の病気で亡くなったのかというDNAも、データとしてコード化されてしまえば、あなたが何の病気になるであろうという生死の予測まで、そのコードで解析されていくかもしれません。コードが欲望を持つならば、それは我々の欲望であると言えます。

（『ＳＨＩＦＴ』掲載のインタビューより　二〇一〇年）

ここで可能性として語られていたことが、現実となりつつある時代をわたしたちは生きている。いくつもの点で示唆に富むが、ここでは三つだけ取り出しておきたい。増殖、欲望、二重存在である。

彼女の指摘でもっとも重要なことは、まず欲望の情報は増殖してゆくという点である。三上は特に「増殖する」ことが、彼女が考える「情報生態系」の本質であると考えているが、わたしたちはこの点で意見を共にしていた。デジタル化したイメージ、特に写真の本質が量ではなく、増殖にあることは第1章で述べたとおりである。

二つ目の興味深い点は、「コードが欲望を持つ」という考え方である。「わたし」が欲望をもつように、「コード化されたわたし」も欲望をもつ。その欲望は「我々の欲望」つまり、個人を超えた集団の欲望でもあるという認識である。

以上の二点を確認すれば、「二重存在」の様態が見えてくる。

ネット社会の「わたし」についての一般的な認識は、「エージェント」や「アバター」という言い方が示すように、代理や分身である。「わたし」の代わりに意見を述べたり行動したりする分身がいる。だが三上晴子の情報生態系論は、この考え方の先を見ている。「わたし」と「分身」を分ける境界はなくなっており、わたしたちは両者が絡み合った「二重存在」として生きる運命にあるというのが、彼女の認識なのである。

それでは「わたし」の欲望とは、いったい誰の欲望なのか。

コード化された欲望との対話

三上晴子の問いは、PCやスマホを手にしているわたしたちだけでなく、技術依存を深める社会全体に対して発せられていたと考えてよいだろう。二重存在としての人間とわたしたちは、どうやって付き合ってゆくべきなのだろうか。

三上自身は抽象的な議論は好まず、あくまで作品の制作を通して、そして徹頭徹尾「身体の行方」を見据えながら考えていた。その語り口は明快で鋭かったが、同時に独特のアイロニーやユーモアもあって、話していて飽きるところがない。時おり、もしもルイス・キャロルが現代に生きていたら、三上晴子のようなキャラクターを創造したのではないかと思うことがあった。いっぽうで数学的で論理的な思考が走りながら、他方で秩序を覆してゆくような感性が飛び跳ねている。

二重存在論の考えから、わたしは当初『不思議の国のアリス』の中に登場するチェシャ猫を思い浮かべた。アリスが道を聞くと、ニヤニヤ笑いながら次第に消えていく。実体は消えても、笑いだけが残っている。キャロルは数学者であり、そして写真家でもあったが、この「チェシャ猫の笑い」というのは、写真が発明されて、一般的に撮られて初めて出てきたアイデアではないかという気がする。ユーモアではあるが、新しい視覚体験として出てきたような気がするのである。

身体が消えて「ニヤニヤ」だけが木の上に漂っている状態というのは、デュシャンならアンフラマンスというだろうか。もしかすると三上の「二重存在」というのは、そうした状態を言うのではないだろうか。コード化された人間との対話は、そのような状態にわたしたちを引きずり込むのではないか。わたしは二〇一八年、ベルギーの首都ブリュッセルで開かれた展覧会に訪れたとき、キャロルとデュシャンと三上が出会って、ぐるぐると回り始める思いがした。それはクリス・マルケルの大回顧展だった。[17]

通称「芸術の丘」の一角にあるアールデコ様式の美術館BOZARが会場だったが、会場入口にはマルケルのアトリエの巨大な写真が壁になっている。《ラ・ジュテ》や《サン・ソレイユ》といった「クリス・マルケルの映画作品」は日本でもよく知られているが、マルケルは素顔はもちろんのこと、仕事場の場所や様子もいっさい外部には公開してこなかった。このような展示が可能になったのは、やはり没後のことなのである。コンピュータとスクリーンが並ぶアトリエ内部の様子は、メディアアート作家としてのマルケルの存在を強く感じさせ、実際に会場には対話型のプログラム作品が置かれていた。

もともとマルケルは情報テクノロジーに並々ならぬ興味をいだいていた。たとえば一九八四年に制作された《２０８４》はジョージ・オーウェルの『１９８４年』に対するSF的なアプローチの短編だが、実際にコンピュータで生成したグラフィックを使用していた。二年後の《シモーヌの想い出》は、当時フランス政府が普及に力を入れていた、情報通信サービス端末「ミニテル」が使われていた。マルケルの資料が寄贈されたパリのシネマテークによれば、マルケルは「アップルⅡGS」を使用して簡単なプログラムを書いていたようである。[18]

マルケル展の会場に展示されたのは、そのひとつ《ダイアレクター》で、これはマルケル自身がベーシック言語で書いたプログラムだが、その存在が明らかになったのは二〇一三年のことだった。このプログラムには複数のヴァージョンがあるが、展示されていたのは一九八八年の作で、ちょうどポンピドゥーセンターの『非物質』展と同時期に制作されていたことになる。おそらく両者には何らかの関係があるだろう。ブリュッセルでは制作から三〇年後に公開されたことになる。

プログラムを立ち上げると画面にフクロウが現れる。そこでユーザー名を入力し、コンピュータとの対話がスタートする。今日のAIから見れば、きわめてプリミティブなものだが、当時としては驚くべき人工知能プログラムである。実際に試してみると、会話は最低でも三〇分くらいは続けられる。ときおり猫が話題に出てくるところなど、どこかにマルケルの影も感じるが、コンピュータからの問いと答えが面白く、飽きさせない。会話はどこか不条理であり哲学的でもあるような方向へ進んでゆくのだが、やがてわたしたちは「誰と会話しているのか」について考えさせられるのである。

常識的には、こちらの言葉の意味を理解して、機械が考えているのではなく、あらかじめ用意された有限個のフレーズを、何らかの規則にしたがって表示しているのに違いない。それでも、わたしたちはコミュニケーションが成立していると感じる。おそらくマルケルは、グーグルやアマゾンが提供を始めた対話型の検索システムを予見していただろう。こちらの質問に対して、ネット上にあるフレーズを瞬時に探し出して回答する機械は、巨大な「ダイアレクター」ではなかったかと思い当たるのである。

クリス・マルケル回顧展（BOZAR 2018）より
［上］パリのアトリエを写真で再現した壁面
［下］マルケルが使用していたさまざまなデバイス
マルケルのアーカイヴは映像メディア史そのものでもある。

二重存在と記憶

この《ダイアレクター》と対話しながら、クリス・マルケルの作品に親しんだ者は、おそらく一本の映画を思い浮かべるだろう。一九九六年に公開された映画『レベル5』である。この作品では、ローラという名の女性（カトリーヌ・ベルコジャ）がコンピュータと向き合い、ディスプレイ越しにかつての恋人と対話しながら進行するという設定になっている。沖縄戦をテーマにしたコンピュータ・ゲームを制作していたという「あなた」が死んでしまい、ゲームの仕上げを託されたローラが映画の作者であるクリス・マルケルに助けを求める。助けを借りて、ゲーム画面をクリアしてゆくように、ストーリーは進むが、そこで彼女は沖縄戦の証人たちに出会うことになる。[19]

というのもこのゲームでは、断片化した情報を集め組み合わせることによってレベルが段階的に上がっていき、真実に辿りつくことがゴールだからである。沖縄戦の作戦資料や大島渚、時津ケンジといった人々のインタビューなどが、ネットワークのなかから集められる。制作していたのは一九九五年前後、つまり戦後50年の節目のあたりであり、グーグルの商用開始以前になる。この段階では、まだ動画検索は出来なかったはずだが、あたかもクリス・マルケルの頭のなかでは、とうの昔から行なわれていたかのように、さまざまな映像や映画史の断片が呼び出される。米軍が撮影したフィルムの断片からは、高熱で焼かれながらも起きあがる人影や、生き残りの少女に白旗をもたせて投降する日本兵の姿が出て来る。

またローラはつぶやく。「オキナワ、わたしの恋人」。それは『ヒロシマ・モナムール』の監督アラン・レネとマルケルが、『夜と霧』や『彫像もまた死す』で協働したことへの目配せだろう。ローラは、サイパン島の集団自決の映像も目にする。それは「バンザイクリフ」として知られる絶壁から飛び降りる女性の映像だが、彼女は飛び降りる瞬間、後ろを振り返り、そこでカメラと視線が交差する。それは別れの眼差しではなく、飛び降りる決断を示すかのような眼差しであり、ローラは彼女が勇気を示すためにカメラを見て、身を投げたのだと考える。つまり、もはや後戻りのできないように、カメラは女性を追い込み、シュート＝撃ったのだと。

このように次々と呼び出される「映像資料」のもっとも衝撃的なものは、母親に手をかけ命を絶ったと語る、金城重明牧師である。当人の口から語られる集団自決の光景は、マルケルがなぜ沖縄戦をこのような設定にしたのか、その理由を想像させる。それはけっして撮影もされず、再演することも出来ない記憶だからである。金城少年は、最愛の母親を、屈辱の死にさらすまいとして、つまり愛するがゆえに殺さねばならなかったのだ。記憶がその当人によって語られることには、時限がある。戦後50年はヨーロッパでも日本でも、その大きな節目だったのであり、マルケルはそこへ向けて、そして集団自決という出来事に向けて焦点を定めたのである。

『レベル5』が公開されて20年後、わたしたちはまさに、過去と現在の映像が混沌とした大海のようにネット空間にあふれる現実を生きている。ここでもクリス・マルケルは映像の未来を見通していた。その視線は、技術的な未来を先取りするというよりも、そのような未来に人間の記憶がどうなるのか、つまり集団自決のような記憶をどのようにして受け継ぐことが可能なのかを、一種の映像的な実験によって確かめていたかのようである。[20]

ローラがディスプレイ越しに対話するのは、増殖し続ける映像資料の海である。その意味で、最もクリアすることの難しいレベルが死によってしか到達し得ないレベルであると設定されていることは、重要だろう。それはローラが会話する「あなた」がなぜ死んだのかを暗示する。

では死者の記憶を伝えることは、死者たちの一部になるということだろうか。

そうではないだろう。ローラが向き合っているのは、情報ネットワーク上にある「あなた」であり、それは三上晴子の表現を借りれば二重存在としての「あなた」なのだ。肉体的には消えてしまっていても、コードという形で生き残り、彼女にたいして検索や想起を要請してくる「あなた」なのである。マルケルが実験したのは、遠くない未来に、わたしたちが現実の人間だけでなく、二重存在としての人間と共存しながら共に想起する術を身につけなければならないと、予見していたからであろう。

03

軍事の映像人類学

それは二〇〇一年夏のことだった。沖縄本島北谷《ちゃたん》にある商業施設「アメリカン・ヴィレッジ」。美浜地区のサンセットビーチと米軍基地のあいだに位置し、ショッピングモールやシネマコンプレックスが並ぶ典型的な商業施設である。カリフォルニアの西海岸文化を想わせるデザインだが、それはこの沖縄西海岸の来歴にも関係がある。わたしはその日、那覇空港に到着し、国道58号線を北上していたのだが、カーラジオからは繰り返し、その場所の名が聞こえていた。

それは前日に起きた米兵による事件を報じるニュースだった。アメリカン・ヴィレッジで、嘉手納基地に勤務する米兵が、日本人の若い女性に暴行をはたらいたのである。ラジオのニュースは事件を伝えるとともに、嘉手納基地のゲートで抗議行動が行なわれることを伝えていた。わたしはアメリカン・ヴィレッジの駐車場に車を停めて、まず基地のゲートへと歩いた。すでに数十人がゲートの前に集まって、抗議の声をあげていた。大人に交じって子どもの姿もある。ニュースはまたたくまに「米兵暴行事件」として伝わり、人の数も増えて抗議の声がだんだんと大きくなってゆく。その様子を基地のなかから、若い兵士がビデオカメラで撮影している。表情ひとつ変えず、淡々とビデオカメラを回している。こちらもその様子を撮影し、アメリカン・ヴィレッジへと戻ることにした。

カフェや土産物屋が並ぶ商業施設の駐車場の一角。車がないパーキングロットを複数の人が取り巻いているので、遠くからでもなんとなく、現場だなとわかる。ビーチからも遠くない。パーキングロットの白線の周囲に、白いチョークでいくつか囲みが描かれている。現場検証の跡だろうか。それは別に沖縄でなくても、どこにでもありそうなショッピングモールを背景にした場所である。ビーチから入ってくる夕暮れの光が、その場所を観光地の色彩に染めてゆく。ニュースを聞かなければ、そんな事件が起きたところとは、とても気づかないだろう。

駐車場から出てすぐのところに映画館があり、シネコンらしく巨大な看板が目に飛び込んでくる。ひと目でハリウッド映画だとわかるが、あろうことか、それは『パール・ハーバー』の看板だった。マイケル・ベイ監督の新作が、ちょうど公開されたタイミングだったのである。真珠湾攻撃を舞台にしたハリウッド映画の恋愛モノが、サンセットビーチのシネコンで上映され、通りをはさんだ駐車場で米兵の犯罪が起きる。太平洋に夕陽が沈む、その場所と時の一致が、その疑わしいほどの符合が、強く印象づけられたのだった。

軍事基地とスペクタクル

しかし冷静に考えてみれば、このような「アメリカ」は世界中どこにでもあるだろう。「西海岸」の景色はグローバル資本主義のデザインのひとつである。地理上の場所を離れて、いまや西海岸風の色合いはスマホの写真アプリにさえ組み込まれるフィルターとして、選択肢のひとつになっている。

二〇〇一年の時点で沖縄では「アメリカン・ヴィレッジ」へと人の流れが変わり、コザの賑わいは過去のものとなりつつあったが、それもいまでは変わって、人も車も大型のショッピングモールへと吸い込まれつつある。こうして古い商店街の色とショッピングモールやアウトレットの色彩の違いは忘れられ、やがて特定の場所とは関係がなくなり、着色フィルターの違いくらいの意味しかなくなっていく。世界の都市に拡大してゆく「アメリカン・ヴィレッジ」の西海岸的景観と『パール・ハーバー』のようなハリウッド映画のヒットは、グローバリゼーションの一部なのだろうか。そのことを考えさせる事故が起きたのも、同じ二〇〇一年だった。

二〇〇一年二月九日、攻撃型原子力潜水艦グリーンヴィルがホノルルの沖で緊急浮上訓練を実演し、愛媛県立宇和島水産高等学校に所属する漁業練習船えひめ丸に衝突した。えひめ丸は沈没、乗船していた8人の若者が生命を落とし、1人が行方不明となった。この事件はアメリカでは当初あまり報道されなかったが、潜水艦が実際に何をしていたかが明るみに出るにつれて、艦長のスコット・D・ワルド中佐の責任が強く問われることになった。

潜水艦は通常の意味での「訓練」中だったのではなく、民間人を乗せて航海していたのである。そのなかには石油会社の重役も含まれており、潜水艦が急浮上する際に、その人物は操舵席にいたとも伝えられている。つまり国防総省にとって重要な人物たちは、潜水艦で一種の接待旅行に出ていたわけである。事故直後から日本国内からは、アメリカ側が捜索を早めに打ち切ろうとしたことに対する批判も激しかったが、実態が知られても、後述するように、アメリカ側の対応は敏速ではなかった。

映画『パール・ハーバー』の特別試写会は、それから半年もしない五月二一日に、オアフ島の真珠湾で開かれた。しかもわざわざサンディエゴから出動させたアメリカ海軍空母「ジョン・C・ステニス」の艦上で行なわれたのである。この試写会にハワイ地元日系の報道関係者が完全にシャットアウトされたのは、もちろん映画の内容にもよるのだろうが、それだけではない。真珠湾にわざわざ空母を浮かべて行なわれた試写会に対して、日本だけでなくアメリカからも批判の声があがったのは、オアフ島沖にはまだ「えひめ丸」の船体が沈んだままだったからである。

えひめ丸は600メートルの海底に沈んでいたことから、アメリカ側は当初そのまま放置すべきと考えていたが、行方不明者の家族らが船体の引き上げを強く望んだことに配慮して、アメリカ側は船体を捜索可能な深度まで引き上げ、ダイバーによって捜索することを提案した。結果的にはアメリカ海軍のダイバーが行方不明者9人のうち8人の遺体を収容したのは、事故から9ヵ月近く経過した同年の一一月だった。つまり空母上の「特別試写会」は、遺体の捜索がまだ開始されていない時点で開催されたのである。

運よく試写会に招かれた人々は、しかしその4ヵ月たらず後にアメリカ本土で起きることが、「二一世紀のパール・ハーバー」と呼ばれるとは、夢にも思わなかっただろう。えひめ丸の船体引き上げ作業が始まったのは、9・11同時多発攻撃後のことである。同じ年にハワイの同じ海域で起きたふたつの出来事は、「9・11」と米軍が突入した戦争のなかで、かすんでしまったようだが、しかしそれははからずも、米軍基地の性格の一端をのぞかせている。それは『パール・ハーバー』のようなハリウッド製の戦争映画などよりもはるかに、米軍基地そのものを理解するために役立つ。えひめ丸事故から3年後に書かれた次の文章はそれを示している。

（…）彼〔艦長のワドル中佐〕は、もし怠慢の廉で軍法会議にかけられたら、自分は民間人を航海につれだすよう命じられ、そして《タイム》誌に語ったように、「彼らを発令所に入れることで少なくとも集中力がさまたげられた」ことを第一に主張するつもりだといった。あるテキサスの石油会社の重役は、潜水艦が海面に向かって急上昇するとき、実際に操舵席に座っていた。

ワドルがこの発言をもう一度くりかえして公式記録に残すことをふせぐために、海軍の審問委員会は民間の招待客を一人も証言のために召喚しなかった。そして、太平洋艦隊の司令官、トーマス・B・ファーゴ提督は彼を軍法会議にかけないことに決めた。（…）しかし、グリーンヴィル事件は海軍が艦艇と航空機をPRの小道具としてどれほど利用しているかをはじめてあきらかにした。二〇〇〇年には太平洋艦隊だけで七八三六名の民間人訪問者を艦艇に同乗させている。[1]

（『アメリカ帝国の悲劇』、151頁）

これはチャルマーズ・ジョンソンが『アメリカ帝国の悲劇』のなかで「えひめ丸事件」について触れた部分である。ジョンソンは二〇〇〇年に公刊された『アメリカ帝国への報復』で、アメリカの軍事帝国主義にたいする「ブローバック」として、近い将来報復を受けることになるだろうと書き、9・11を予言していたと話題になった政治学者である。中国と日本の現代政治が専門だが、冷戦時代にCIAの顧問をしていたという経歴をもち、それがこれらの著書で十分に発揮されている。

このジョンソンの指摘から分かるのは、潜水艦をつかった接待旅行や空母による試写会は、特殊な任務というよりは、むしろ日常的に行なわれているPR活動ということである。ただしそのPRは通常の映画の宣伝でもなければ、国民全体に向けられた軍のアピールでもない。国防総省にとっては、政治家や産業界の重鎮たちをはじめとした団体の「理解と支持」を得るために必要な、重要な活動なのである。もちろん程度の差はあれ、それはどの国の軍隊にとっても必要な日常的プロパガンダとも言えるが、『アメリカ帝国の悲劇』の内容に照らしてみると、それがプロパガンダ以上の意味をもっていることに気づかされる。

基地帝国は存在する

さてジョンソンが詳細なデータをもとに提示しているのは、「基地の帝国」という概念である。自ら「自分は冷戦の戦士だった」と書くジョンソンは、一九九〇年代以降米国は冷戦を別の目的に利用していたのではないかという疑いをもつようになる。それは米国がそれ以前の帝国とは異なる、奇妙な支配構造をつくりあげていることに気づいたからだった。それは国として領土を拡大するために植民地として併合するのではなく、冷戦で勝ち取ったテリトリーに排他的な軍事地帯をもうけ、それらの基地を世界中に増やしてゆくというやり方である。ジョンソンはそれらの基地の集合体で成り立っている領土を「基地帝国」と名づけたのである。

ローマや中国の漢王朝の時代から現在まで、あらゆる帝国はなんらかの恒久的な野営地や砦《とりで》や基地を持ってきた。これらは征服した領土に兵隊を配置し、不穏な住民を支配下に置いて、さらなる帝国建設の足掛かりに使うのが目的だった。しかし、いま発展しているアメリカ式帝国がいちばん風変わりで興味深いのは、それが現代の段階では領土ではなく純粋に基地の帝国であって、こうした基地は、何世紀もの世界征服の夢に反して、これまではまったく考えられなかった方法で地球を包囲しているということである。

（同書、240－241頁）

ジョンソンの分析はきわめて冷静で説得力があるが、その結論は驚くべきものである。少なくともこの考え方にしたがうと、軍事基地にかんするかぎり、その目的と手段をひっくり返して見なければならないからだ。あえて単純化すれば、紛争に対処するために基地が必要なのではなく、それぞれの基地が「基地の帝国」を強化し維持するために紛争が必要だという、逆転した見方が浮かんでくる。それが当のアメリカ人自身にとって、ほとんど未知の事柄であることは著者自身が最初に指摘している。アメリカ国民は政府の秘密主義のせいで、国内にどれだけ基地があるか知らないばかりか、全世界に軍事基地を置いていることすら知らない。ましてそれらの基地のネットワークが、新しい形態の帝国を築いていることなど認識のしようもないというのが、著者の見解である。

したがって「基地の帝国」を理解するためには、アメリカの基地建設方針すなわち地球上に米軍を配置する特定のやりかたを知ることがどうしても必要になるが、不思議なことにその分析はいままで行なわれてこなかった。ジョンソンによれば、国防総省が世界各地に基地を取得してきた歴史的な経緯もたどられたことがない。ジョンソンは全世界に散らばった基地建設のシステムを詳細に見ることにより、そこに一貫したパターンがあると指摘している。そのパターンこそが、帝国の活力の源を明らかにするはずだという。

見方を変えれば、アメリカ国民にとってほとんど未知の事柄であるという、その事実が、「基地の帝国」の本質を如実に物語っているのではないだろうか。ジョンソンはアメリカ国民が米軍について何も知らないとは言っていない。むしろ反対に、アメリカの国民にとってアフガニスタンからイラクへ、イラクからシリアへと断続的に戦争がつづくなか、ニュースのヘッドラインで米軍の姿を見ないような日は一日もないはずである。第二次大戦からヴェトナム戦争にかけてつくられてきたハリウッド製の戦争映画も含め、そのイメージは説明を必要としていないだろう。

しかしそれ以外の地域にいる指揮官や兵士たちは、いったい何をしているのか。ジョンソンは、基地はそれが緊密なネットワークで結ばれながら、その内部に独自の風習や習慣、生活スタイルをつくりあげてきたと指摘している。その生活は普通のアメリカ国民からはしだいに切り離され、その内部でしか知られていない序列と職業上の階層によって結ばれた、ひとつの世界を構成している。

その世界の住人はいまや、大半の国の国家予算よりも多い国防予算にささえられ、ジョンソンが執筆した時点で実に140万人という人口をもっている。しかもそれは、あくまで平時の軍隊の数字という。第二次世界大戦直前にアメリカの正規陸軍がわずか18万6000人しかいなかったことなどは、もはや「思い起こすことさえむずかしい」のだ。現在の姿は、ほとんどの人には想像すらつかないのである。ジョンソンの見方がどれだけ一般のアメリカ人に受け入れられるかどうかは別にして、少なくとも数字のうえでは、この地球上にアメリカ本土とは別の、国民には見えない「アメリカ」が存在していることになる。

見えることと見えないこと

このことは、すべてが可視化されているかのように見える現代の映像文化と大きく矛盾する。あらゆる種類のカメラとネットによって世界中の様子は手に取るようにわかるというのが、一般的な感覚である。世界を丸ごと眺めるような全域的な視覚というイメージは、必ずしも間違いではない。情報通信と結びついた映像文化について言えば、わたしたちはほんとうに惑星規模の視覚機械に接続されつつある。だが正しいイメージは、しばしば間違った推論を導くものである。見えないものは徹底して見えないし、メディアがいかに進化しようとも、知られないことは徹底して知られない。少しだけ歴史を巻き戻し、そのことをメディアの変遷とともに確認してみたい。アルカーイダの指導者ウサマ・ビン・ラディンとアメリカによるマン・ハントはその好例である。

周知のように二〇〇一年九月一一日に発生したアメリカ「同時多発テロ事件」の首謀者とされたビン・ラディンは、およそ10年後の二〇一一年五月二日、パキスタンの首都イスラマバード北東にある地方都市アボッターバードの潜伏先で、米軍の作戦によって殺害された。この作戦は秘密裏に遂行されたが、ホワイトハウスでは「シチュエーションルーム」でオバマ大統領のほか、バイデン副大統領、ゲーツ国防長官、ヒラリー・クリントン国務長官、マレン統合参謀本部議長などが、作戦をリアルタイムで見ていたことが伝えられている。CIA本部でもパネッタ長官らが見守っていた。作戦に参加した兵士による映像が生中継されたとも言われるが、詳細は不明である。だが作戦が成功し、ビン・ラディン殺害の報告を受けたオバマ大統領は「彼を捕らえた」と叫んだと言われる。

世界でもっとも強力な軍隊を持つ国が総力をあげ、軍事衛星を含む最新鋭の兵器と技術を総動員して追跡したにもかかわらず、10年もの年月が必要になったということ、さらにアメリカが当初から捕獲ではなく殺害を目指していたこと、オバマ大統領による「正義はなされた」という発表は忘れることのできない結末だった。「正義のために」10年の年月をかけて続けられた、人間狩りを世界は祝福したのである。

いっぽうその間にビン・ラディン像は、メディアを通してその姿にある種のカリスマ性を備えながら、自爆テロを煽り、聖戦への参加を呼びかけてきた。アフガニスタン東部で行なわれた異常な規模の空爆によって、その死が誰の眼にも確定したと思われるたびに、映像や音声を記録した「テープ」によって、新たな「メッセージ」が伝えられた。本当に生きているのか、それが本当に彼自身によるメッセージなのかは不明なまま、イメージだけが生き延びていたのである。このメディアを通じたオペレーションには、アルジャジーラというテレビ局の存在を欠かすことができない。動画配信がふつうの今から考えると奇妙でさえあるが、ビン・ラディンのメッセージは中継されたのではなく、テープに録画録音されたものが、人の手によって運ばれて、はじめて放送局に届いていた。

同時多発攻撃から2ヵ月経った二〇〇一年一一月、アフガニスタンのジャラーラーバードでタリバンの掃討作戦中のアメリカ兵が、破壊された民家のなかから一本のビデオテープを発見した。そのなかにビン・ラディンが同志に対して、この事件について語るシーンがあったことから、証拠ではないかと騒がれた。本人がビデオテープを通して犯行声明を公けにしたのは、なんと3年後の二〇〇四年だった。

ビン・ラディンのメッセージは、インターネット時代には不似合いな、奇妙なメディアだったのである。その姿や声を録画したビデオテープや音声テープが、あるルートによって入手され、それがテレビ局を通じて全世界に伝達される。いつどこで録画録音されたか判明しない。遅延性を前提にしたメディアと言ってもいい。実際に記録された時間と放映された時間のあいだにどれだけの時差があるのかは、当時も現在でも明確ではない。すなわち放映された時点で、すでに本人がこの世にいない可能性もあると疑わせることのできるメディアということになる。

反対に死が確定されなければ、新たなメッセージが出てくるたびに、少なくともメディアのなかでは生き続ける。ビデオテープ、音声テープ、さらには自筆の手紙と、メディアは違っていても、またその真偽がどれほど議論されようとも、そこに新たなメッセージが現れる。そして世界最強の軍隊がその掃討作戦を継続し、攻撃を続ければ続けるほど、彼の不死性が増してゆく。アメリカがどうしても殺害しなければならなかったのは、遅延性のメディアを通して、カリスマ性を保ちながら生き続けてしまうという、不思議な事態のためでもあっただろう。

戦争の超個人化

アメリカ軍がアフガニスタン東部を大爆撃したのは、彼らが洞窟に隠れて抵抗を続けていると信じられていたからである。実際はパキスタン北部の町中にある豪邸に住んでいたのだが、それを知らずに米軍は「穴から燻《いぶ》り出す」というどぎつい表現を使って、洞窟という洞窟を砲撃していった。いっぽうビデオカメラが映す、眼に見えて痩せこけ老け込みながらも、戦闘服を着て岩陰をバックにして淡々としゃべるその姿は、米軍を敵に回している男にはとても見えない。

だが米軍から見れば、ビン・ラディンとはアメリカにとっての敵である以上に「基地帝国」の敵だったのである。彼がどのようにして10年ものあいだ逃げ続けられたか、また捜索がどのように行なわれたかは、おそらく長い間わからないだろう。ひとつだけ確かなことはビン・ラディン殺害によって、戦争が個人化したということである。戦争は、ふつう組織によって行なわれるもので、個人の名において行なわれるものではない。一般的な戦争のイメージは、集団と集団間の戦いであって、個人との戦いではない。

しかしビン・ラディン掃討作戦は、現代の戦争が集団ではなく、特定の個人に対しても行なわれることを明確に示した。近年の戦争の変容を分析した近著でロサ・ブルックスは、戦争がパーソナルなものになりつつあると指摘している。背景にあるのは、個人データの収集・監視から無人攻撃機を使用した作戦まで、ターゲットを個人に絞って行なわれる作戦の増加である。敵軍を構成する兵士ひとりひとりの顔貌認識さえもが近い将来可能になると言われている。DNA情報を元にした生体兵器の「カスタマイズ」や、ネットを使った高度な個人攻撃も含めて、「戦争の超個人化」と呼ばれる動きも予測されている。[2]

それを加速したのがブッシュ政権下に始まった「テロとの戦い」だった。それは特定の個人を「テロリスト」と指定して遂行される「個人に対する戦争」の別名であり、ビン・ラディン殺害は、その帰結というよりは、戦争の超個人化の始まりを告げる瞬間だったと見ることもできる。戦争はどこかで始まるわけではなく、それはすでにそこに、日常と共にあるということである。しかしこの超個人型戦争も基地帝国の存在と同様に不可視のまま進行し、アメリカ国民に知られることはなさそうである。

基地帝国は可視化できるか

こうした軍事活動の大半をアメリカ人が知らないのは、端的に言って、その日常を見せないからである。えひめ丸事故の例でも分かるように、わたしたちが知る米軍基地の日常とは、米軍がPRのために見せてくれる日常であり、ハリウッド映画が見せる日常である。では基地帝国のリアルな姿はどのようなものなのだろう。それを見えるようにできるのだろうか。この点に関してわたしが注目してきたのは、アメリカのドキュメンタリー映画監督フレデリック・ワイズマンが制作した一連の映画である。それは軍事教練や海外基地の活動を記録したものだが、その背後にある日常を見せている点で、きわめて貴重なものと言える。それらを丹念に見ることによって、「基地帝国」という仮説を映像的に検証することが可能になるのではないかと思う。[3]

軍事映像の歴史としても例外的と言っていいワイズマンのドキュメンタリーは、制作年代順に『基礎訓練』（一九七一）、『運河地帯』（一九七七）、『シナイ半島監視団』（一九七八）、『軍事演習』（一九七九）、『ミサイル』（一九八七）の五本になる。いずれもアメリカ国内外の異なる場所にある施設内部にカメラを入れ、連続的かつ集中して撮影されたものである。ワイズマン監督のフィルモグラフィーのなかでは、ひとつのシリーズを構成していると言ってよいだろう。

学校、病院、劇場、図書館……組織や集団を対象にし、そこで働き生きる人間ひとりひとりを見つめながら、組織とは何か社会とは何かを考えさせる。組織の中に入り、静かに観察するスタイルは他の作品にも共通するが、特にこれらの作品では、一般人の立ち入りはもちろんのこと、通常はどんな理由であれ撮影が許可されない基地の日常を映し出すという点で際立っている。

特に『運河地帯』『シナイ半島監視団』『軍事演習』と続けて撮られた三本は、米軍だけでなく請負契約のある民間企業や団体の海外での活動を対象としている。まず興味深いのは『運河地帯』だ。この一本だけは軍事施設を対象にしたものではなく、パナマ運河を管理する現地在住のアメリカ人社会を追ったもので、場面も運河だけでなく病院や墓地など、日常生活のさまざまな局面が撮られている。運河に入ってくる船で始まり、墓地に花を供える人々で終わるこの作品は、パナマという中米の国で撮影されているにもかかわらず、一見していったいどこの国なのか分からない。どこか現実から遊離した雰囲気が漂っている。

高級住宅街にはスケートボードにのる少年が現れ、夫との関係に悩む妻が精神分析医にかかり、テレビを眺める人の目にはケンタッキーフライドチキンのコマーシャルが映る。その風景は、アメリカの地方都市に住む中産階級の暮らしそのものなのである。パナマを訪れたことのない人がこの映画を見ると、大きな誤解を生むことになるかもしれない。当時パナマに住んでいる普通のパナマ人が見れば、アメリカ人たちと自分たちの落差に仰天することになるかもしれない。文字通り「運河管理」に名を借りた「植民地」の日常を描いているのである。

作品が公開された一九七七年秋、ニューヨーク・タイムズ紙に寄稿したデヴィッド・イームズは試写を見て、まず作品タイトルは「オハイオ州デイトン」でも良かっただろうと、冗談まじりに書いた。ワイズマン監督と長い付き合いのある作家でもあり、好意的な紹介記事なのだが、当時のアメリカ人にとってもそれはごく平凡なアメリカの街の風景にしか見えなかったのだ。言い換えれば、パナマ運河地帯を忠実に描こうとすると、オハイオ州デイトンになってしまうということである。なぜそうなるのかを考えるには、少し歴史を紐解く必要があるだろう。

アメリカがパナマ運河の建設に乗り出すのは、米西戦争に遡る。カリブ海、フィリピンそしてハワイを得たアメリカにとって、これらの地域をつなぐためにパナマ運河建設は戦略上の急務となった。スエズ運河建設のレセップスの会社を買い取り、コロンビア軍を阻止してパナマを独立させたのは、あくまで運河をわが物としたかったからである。

こうして第一次大戦勃発直後に開通した運河の両岸5マイル（約8キロメートル）はカナル・ゾー

ン（運河地帯）と呼ばれるアメリカの租借地であり、実質的なアメリカの領土になった。実際それは、植民地と言うよりは、アメリカ合衆国だった。というのも行政と司法の権限だけでなく、パナマ人の居住すら禁止されたからである。運河地帯に住んでいたパナマ住民は追い出されただけでなく、運河建設に伴うダムの完成で、ゾーン内にあった町や村は、そのほとんどが水没した。運河の両端にあるパナマ市とコロン市では、衛生行政もアメリカが行なっていた。運河地帯に住むアメリカ人を疫病から守るためという理由からである。

つまり一九世紀以前の中南米におけるスペインやポルトガルが敷いた植民地以上の徹底した支配と管理が、一九九九年まで続いていたのだ。パナマでは、もともとの通貨だったバルボアは第二次大戦前に廃止され、米ドルが使用されてきた。八九年のノリエガ大統領逮捕の事件に象徴されるように、パナマの問題は実質的に国内問題であり、独立国でありながらパナマ運河はアメリカだったのである。

ワイズマン監督が運河地帯の撮影に向かったのは、それまで滞りなく運営されていた平和な植民地に、微妙な影がさした時期にあたっている。スエズ運河の返還につづいて、パナマ国内から返還への要求が強くなり、六〇年代には運河地帯でのパナマ国旗掲揚が認められ、住民とのいざこざが起きるようになる。これには運河地帯に住んでいた、「ゾーニアン」と呼ばれるアメリカ人たちの抵抗が背景にある。

その後クーデターで権力を握ったトリホス将軍が、アメリカ資本の支配から脱却する政策を、徐々に実行してゆく。運河問題を国連の安保理にかけることに成功し、新たな運河条約の調印を促す「パナマ運河地帯に関する決議案」を可決させたのである。決議案自体はアメリカの拒否権発動で無効となったが、一九七七年にはカーター大統領が新運河条約の締結を認め、九九年末までに運河地帯からの撤退と、返還までの間は運河を米パ両国で共同管理することを了解した。

ワイズマンが運河地帯を訪れた背景は、新条約締結というアメリカにとってもパナマにとっても歴史的に重大な局面なのだった。おそらくパナマ国内では運河地帯返還への期待が高まっていただろう。それは世界の冷戦構造を背景にした変化でもあった。七〇年代前半を通じて、電力会社やバナナ農園などが次々と国有化され、経済的独立が目指される一方で、トリホス政権はキューバに接近して、明らかに反米的な態度を取っていたからだ。

それにしてもワイズマンが描く運河地帯の情景は、パナマという国の表象を期待した人にはあまりに平凡で退屈である。オハイオ州デイトンのほうが、もっと面白いのではないか。だが時代状況を頭に入れて映画を見ると、そこに映し出されている「ゾーニアン」たちの、淡々とした日常ほど異常なものはない。いかなる緊張感も感じられないのは、彼らアメリカ人が「ゾーン」という社会のなかに閉じこもり、合衆国の一地方としての安寧が続いているからだろう。週末の催しを報じるラジオ放送もDJの声も、そこから読み取れるのは、アメリカの「ふつう」なのである。ワイズマンのカメラが見せるのは、アメリカのふつうが異常であることと、よほどのことが起きない限り、アメリカ人はそれを知らないという事実である。

シナイ半島＝テキサス

「基地の帝国」は、あくまでジョンソンが自身の経験とデータを元に想定した仮想の帝国である。しかしワイズマンの作品を丹念に見てゆくと、そこに描かれているアメリカ人のふつうの生活が、仮想の帝国そのものなのではないかと思えてくる。基地帝国を概念としてではなく、物理的に存在することを実証するには横断的研究が必要であるが、少なくともワイズマンは独創的な方法でそれを可視化している。

そもそも基地の内部は、一般の市民にとっては分からない。立ち入り禁止であり、撮影禁止であり、見えないことの背景には、いっさいのコミュニケーションを含めた徹底した情報管理がある。ジョンソンが指摘するように基地がどのようにして取得され、運営されてゆくのか、そのパターンを外部から知ることは不可能だと思われる。

しかしその風景なら、誰もが知っている。世界各地の米軍基地を分析したデイヴィッド・ヴァインは、基地がある都市の「ダウンタウン」は世界中どこも似たり寄ったりの風景になると書いている。[4]

多くの人にとって米軍基地は、ハリウッド映画やポップミュージック、ファストフードと並び、最も典型的なアメリカのシンボルのひとつに挙げられる。海外の多くの基地に広がるバーガーキングやタコベルの店舗を見ればわかるが、米軍基地は世界中に展開する超大型フランチャイズな

（『米軍基地がやってきたこと』、7頁）

のだ。

その超大型フランチャイズがどの国にあるにせよ、またそれがある程度「自給自足」の生活を営んでいるにせよ、現地で採用された労働力なしには成立しない。ヴァインは冷戦の終わり頃、一九八九年の時点で米軍が世界で支配していた基地の数は少なくとも１６００にのぼるとしている。それをわかりやすく分類すると、だいたい三つのグループに分類できる。

まずワイズマンが『軍事演習』で描くドイツのラムシュタイン空軍基地や沖縄の嘉手納基地、韓国のキャンプ・ハンフリーズなど、兵士とその家族がアメリカ同様の暮らしをする大規模の基地がある。学校や病院などの都市機能を備えているため、家族が配属される。二番目にそれよりも小さな基地、学校はないがフィットネス施設はあるという中規模の基地である。興味深いのは三番目の通称「リリー・パッド」と呼ばれる小規模の基地である。これはカエルが池をわたるときに「蓮の葉」ったいに飛ぶという連想からそう呼ばれる小規模の基地になる。

リリー・パッドは秘密基地という位置付けであることが多く、米兵はいても少数で、民間の請負業者に委ねられているところもある。無人機や偵察機が配備されたり、別の場所から配置される部隊のための兵器があらかじめ配備されたりしていることが多い。

（同書、59頁）

リリー・パッドは第4章で詳しく扱うドローン戦争にとっても鍵になる施設である。いずれにしても今日、合衆国内外にある米軍基地には、さまざまな国籍の人間が働いている。ジョンソンによれば、そこには「基地植民地経済」と呼ぶしかないような経済が成立しているが、その大部分は、秘密事項というわけではない。

基本的にはフェンスの外と同じ資本主義経済の原理が働いているからこそ、これほどまでに民営化が進んでいるのであろう。「基地の帝国」が見えないとすれば、その配置と運営が秘密であると同時に、そこで展開している生活に、あえて見るに値するものがないからとも考えられる。支配構造が生み出す特殊な状況は、たしかにかつての植民地社会においても見られなかったほど、徹底して外部と遮断された社会を生み出している。

歴史的な現実からは明らかに遊離した社会の不健康さと閉塞感は、翌年撮影された『シナイ半島監視団』においてさらに強まっている。一九七三年の第四次戦争後、エジプトとイスラエルの緩衝地帯を「監視する」目的で派遣された軍と民間団体の日常を追った作品だが、ここでもまた題名から予想される世界とは、およそ対極にあるような怠惰な風景が映し出される。その任務の重要性が冒頭に説明されるが、イメージは監視団の言葉を裏切るように退屈で単調な日々を描いてゆくのである。単調で退屈な日常を捉えた映像は、一見したところやはり単調で退屈だが、自分が行なっている仕事に熱意も感じられない人々の倦怠を凝視することには、一種の緊張がある。

一貫して感じられるのは、監視団で働く人々の官僚主義である。国境通過の許可にたいしてエジプト側の代表者から文句が出ても、「規則」を盾にして要求を拒む係官。見ていて憂鬱になる場面だが、彼らにとっては重要な任務である。それで戦闘が起こるわけでない。どうしようもなく茫漠とした砂漠のなかで、彼らが見出すのは、アメリカ南西部の生活である。パナマ運河地帯がオハイオ州デイトンになるのに似て、それはアメリカ中産階級のごく日常的な営みなのだが、この映画にはもうひとつ重要な事実がしっかりと記録されている。それは監視団とそれを取り巻く団体を構成するのが、実質的には民間会社の人間であるという事実である。監督自身は監視団について次のように語っている。

シナイ半島監視団は、兵士の集団ではなかった。しかるべき規定のなかで、彼らはやりたいことをやっていた。あそこは寂しい場所なのだ。五〇人の男性に対し、三、四人の女性がいた。カイロに行くには、砂漠を越えて五時間旅しなければならない。

（『全貌フレデリック・ワイズマン』、83頁）

湾岸戦争以降イラク紛争を経て今日にいたるまで、アメリカの軍事行動は急速に「民営化」されてきた。その萌芽はすでに七〇年代に現れていたのではないだろうか。映画ではテキサスの企業から派遣された人々が多いためか、南西部訛り丸出しの馬鹿騒ぎが出て来るが、その馬鹿騒ぎはもしかすると基地帝国を支える重要なイベントかもしれないのだ。

ロバート・H・ラティフはテクノロジーと地政学によって激変する米軍を描いた近著で次のように報告している。[5]

現在もアメリカ軍では五六万一〇〇〇人の請負業者が働いており、芝刈りからパソコンのサポート、各種技術支援などに従事し、アメリカ陸軍の現役将兵四七万五〇〇〇人をいまも数のうえで凌駕している。

（『フューチャー・ウォー』、206頁）

二〇〇一年のワシントン・ポスト紙の調査では、CIAで活動する人間の3分の1は請負業者でその数は1万人に達し、最高機密に接する権限を与えられた人間の数は85万人で、そのうち26万5000人は請負業者だったと推計された。この比率が今後どうなってゆくのかは、当事者にしかわからないのだろうが、少なくともワイズマンが捉えた映像からは、七〇年代から着実に増加し、増加の一途をたどってきたと想像できる。つまり民営化がこのような形で世界各地で生まれていたとすると、ワイズマン監督が記録した日常は、個々の場所での人間の在り様とは別の次元の意味をもってくるのだ。

パナマ運河地帯とシナイ半島監視団を、全世界に散らばった米軍基地のなかに位置づけてみる。どちらもアメリカの国益にとって重要な地域であるばかりでなく、それぞれが他の地域と密接に結びついた役割をもっている。沖縄に米軍基地が集中する理由は、ここからも明らかだろう。

映画から読み取れるのは、それぞれの場所に発生している「小植民地」の日常である。そこに住む人々は官僚主義的で退屈で、あまり健康的とは言えないが、おそらく個人としては善良な市民だろう。カントリー音楽を楽しみ、賭けポーカーに興じている彼らの住む建物の外にはシナイ半島の砂漠がひろがっているが、その砂漠はテキサスと変わらぬ砂漠なのである。

基地帝国を支えているのは、実はこのような日常である。帝国は、経済システムそのものである。圧倒的な軍事力が背景にあることはもちろんだが、それだけではない。帝国の経営は実はシステムの一部である。圧倒的多数は民間企業に雇われたり、現地採用された人々であり、学校や病院を含めた「軍事経済植民地」とも言うべき社会が成立し営まれている。そこには当然日本や韓国も入ってくる。世界中にこうした小植民地が散らばり、ひとつの帝国を維持しているのである。

いかにも退屈に見える日常こそが、映画の主人公のように見えてくる。運河地帯の活動と監視団の活動とは大きく異なるが、どちらの場合も人々は何かを生産するためにそこにいるわけではない。

軍事基地を含めて、戦略的な目的で配置されているこれらの小植民地に共通して言えるのは、それらの活動の非生産性であろう。価値を生み出すためにいるのではない人々が、それぞれの日常に価値を見出せないのは当たり前のことである。

もし今日サウジアラビアや沖縄で軍事基地の内部の撮影が許可されたら、いったいどのような日常が見えてくるだろうか。もしかするとフェンスのなかでは淡々と同じような「オハイオ州デイトン」の時間が流れているのではないだろうか？

訓練と命令

もしそうだとすると、基地帝国を存続させるためには、日常を戦争化するという条件があることになる。たとえ戦闘がなくても、戦争状態を続ける必要がある。おそらくワイズマンらは、最初からそれに気がついていた。監督自身、一九五五年から1年間兵役についていた経験があるというが、軍隊というテーマがこの時期に集中している理由のひとつには、ヴェトナム戦争という時代背景があるだろう。そしてまた朝鮮戦争からヴェトナム戦争へと時代が移るなかで、市民が得る戦争のイメージが大きく変化したという背景もある。

冷戦時代における情報技術とメディアの力学が変化するなかで戦争の報道は映画ではなくテレビが担うようになり、特にヴェトナム戦争は最初の「お茶の間の戦争」と呼ばれるように、今日わたしたちが慣れ親しんでいる戦争報道のスタイルが登場した時代である。ワイズマンによるドキュメンタリーは、お茶の間におけるテレビによる報道が、戦争のスペクタクル化に転じた時代だからこそ、いっそう興味深いものになる。

『運河地帯』と同じく一九七〇年代に撮られたのが『基礎訓練』である。これは召集兵や志願兵たちが受ける9ヵ月の基礎訓練を追ったものだが、周知のように七五年にヴェトナムから撤退したアメリカは、深刻な後遺症に悩まされる時代に入った。七八年にはそれまでの徴兵制から志願制へと大きく転換し、軍隊の人的構成にも変化が生まれてくる。ワイズマン監督がカメラを向けたのは、米軍とそれをとりまく状況が急速に変わりつつあった時期ということになる。

それはキューバ危機以降の世界は米ソ両大国による力の政治によって保たれていると信じられていた時代であり、そのどちらかが、ある日崩壊しようとは誰も信じていなかった頃の話である。世界を成り立たせているのは圧倒的な軍事力であり、代理戦争という形で衝突が起きていた時代である。このことを考えると、そもそも米軍の日常を細かに撮影することがなぜ可能だったのかが不思議にさえ思えてくる。

『基礎訓練』で描かれる、ふつうの青年が一軍人になるまで、行進から銃の使い方そしてイデオロギー教育にいたる九ヵ月は、現在から見ると、どこかの映画で見たなと感じさせる場面も少なくない。わたしたちがアメリカの軍事訓練をある程度、映画を通して知っているからだろう。訓練兵たちの装備は、湾岸戦争やイラク侵攻などのニュース報道で見慣れている米兵の装備と比較すれば、戦争ごっこのように頼りなく思える。半世紀ちかく前に記録されている軍事行動が、二一世紀においても有効なのかどうかとさえ問うこともできる。この映画についての感想をペンタゴンにいる人々に聞いてみたい気がするが、おそらく彼らは興味を示さないだろう。

本質は何ひとつ変わっていない。軍事教練の出発点であり終着点は、命令《コマンド》に従うこと、それに尽きる。映画の視線は徹頭徹尾、そこに注がれているとも言える。89分にわたり展開される映画を底で支えているのは、さまざまなかたちの「命令」である。長時間にわたって同じ姿勢をとることから、同じ歩幅と同じ速度で歩くこと、同じ姿勢で耳を傾けること、どんなに苦痛でも同じ速度で匍匐前進することと……すべては命令に始まり、命令があってはじめて終わる。訓練において命令以上に重要なものはない。以上のようなシーンをとおして『基礎訓練』は、軍隊の精髄がどこにあるのかをわたしたちに教えている。

若い訓練兵は最初に、軍曹からの質問には、それがいかなるものであれ、答えには二種類しかないということを学ぶ。

「Yes, Sergeant」

「No, Sergeant」

戦争映画にあまねく登場する応答だが、『基礎訓練』とは決定的な点で異なっている。劇映画が描くのは、あくまで命令をする人物であり、命令を受ける人物であり、その葛藤である。ときには命令に逆らうことがドラマとして描かれる。『基礎訓練』にそのようなドラマはない。わたしたちが見るのは、命令を受けている人間の表情であり、仕草である。彼は命令に従うことによって、成長する。彼の経験を要約すると、複雑さから単純さへの移行になるだろう。そこに『パール・ハーバー』のような、恋や人間関係に悩む人間は現れない。そこで人間は『トップガン』の主人公たちのようには振舞わない。人間同士の関係はきわめて単純明白であり、ワイズマンの他の作品と比較したとき、その単純さは暴力的ですらある。

訓練期間の中途で実家に戻った兵士に家族がかける言葉が印象的である。自動小銃を見せながらの会話の後に、両親が口にするのは次のような言葉である。

「兵士になることだ」

「そうよ、本物のアメリカ兵になることよ。本物の男になることよ」

軍のリクルート宣伝とも取られかねない常套句だが、ワイズマンはそこになんらの皮肉を込めてはいない。彼らは本当にこのようにして兵士となり、男となり、親の誇りになり国の誇りになるのである。わたしたちが驚かされるのは、七〇年代にも二一世紀にも一貫して流れている「愛国心」の力である。

ワイズマンのフィルモグラフィー全体のなかにおいてみると、『基礎訓練』もまた、他の作品と同じように人間と組織の力学を描いている。普通の人間がいかにして兵士となるかを緻密に描いており、タイトルを「兵士の誕生」としてもおかしくない。兵士がいかにして作られるか。おそらくそれはどの世界でも基本的には同じ内容になるだろう。人間が国のために他の人間を殺すことができるようにする方法は、ひとつしかないだろう。

この作品を見て、ある戦争映画を思い浮かべる人は多いはずだ。ワイズマンはインタビューに答えて、面白いエピソードを披露している。

> キューブリックは、『フルメタル・ジャケット』を撮るために『基礎訓練』のプリントを借りていった。あの映画の前半は、ほとんど『基礎訓練』の場面を一ショットごとに忠実に複製したものだ。キューブリックからプリントを取り返すのには一年かかった。
>
> （『全貌フレデリック・ワイズマン』、53頁）

ヴェトナム戦争を描いた映画のなかでも、確実に映画史に残るキューブリックの作品に、ワイズマンのドキュメンタリーが使われていたことには驚くが、監督自身も「わたしのドキュメンタリーをリサーチ代わりに使うのだから、驚いたよ」と語っている。ちなみに、ワイズマンが言う「忠実に複製したもの」の元の英語は duplication である。フィルムを重ねて複製することを、デュープするというが、それに近いものだったということだろう。キューブリックが見せる迫真の描写が「忠実な複製」に基づいているという事実は、とても興味深い。やはり、人間が国のために他の人間を殺すように仕立てる方法は、ひとつしかないのである。[6]

「先進国」の軍人が「第三世界」の兵士を養成するために派遣されること自体が、そのことを示している。命令の内容は一貫性をもっていることが重要であり、だから命令は基本的にどこでも一貫している。『基礎訓練』が描いているのは、命令を中心にして構築されている「軍隊の文化」とも呼ぶべき価値の共同体だろう。命令に従うことに価値を認める人々がいるかぎり、その共同体は世界中どこにいっても同じ文化をもっているはずである。命令は基地帝国の共通通貨と言っていいだろう。

ここで視点を映画のフレームの外に置くと、興味深い問題が見えてくる。それはこの空間のなかで唯一「命令の外」にいて、それを眺めているのがワイズマンを含めた撮影チームだという事実である。もちろん彼らもあくまで撮影の許可を受けて撮影している以上、すべての行動が許されているわけではない。撮影に制限が加わる場面があるかもしれないし、インタビューが拒否されることもあるかもしれない。しかし彼らは軍隊の日常のなかにあって、命令する側にも命令される側にも属さず、いわば第三項としてその場所にとどまりながら、すべてを見つめようとする。彼らはその場所にいながら「命令の空間」の外にいる傍観者である。興味深いのは、そのようなカメラの存在が命令する側にもされる側にも、一見してなんら影響を与えていないように見えることである。

これはヴェトナム戦争を含めた「従軍報道」の映像について批判的な検討を与えると同時に、軍隊という特殊な状況にいるワイズマンたちの立場を想像させる。軍事行動というオペレーションのなかで、撮影というもうひとつのオペレーションを遂行することには、一定の方法論が必要だろう。『基礎訓練』ではそれほど明確ではないが、後の作品ではこの二重のオペレーションが、現代の軍事行動における「演習」や「シミュレーション」とは何なのかを考えさせるのである。

演習という名の戦争

おそらく基地帝国にとって、訓練と演習はその構造に埋め込まれた、最重要の要素ということになるだろう。ここでもわたしたちは、ワイズマンの独創的なドキュメンタリーを通して、そのことを確認できる。『軍事演習』である。これは冷戦時代に毎年行なわれていたNATO（北大西洋条約機構）軍の大演習を取材したものだ。旧西ドイツ、ラムシュタイン空軍基地に到着したのは、ルイジアナ州ポーク基地に配属されていた第五歩兵師団である。ちなみにこのラムシュタインはイラク、アフガニスタンにおける戦争当時は、戦時物資を送るための大中心地となった基地だった。戦地に投入された部隊や武器や補給物資の、なんと80パーセントがドイツを通過し、そのほとんどがこのラムシュタイン空軍基地を経由したという。

さてワイズマンの撮影隊は、東西ドイツの国境沿いに戦車や装甲車とともに移動しながら、それらの一部が敵となる航空団を追撃するという作戦を7週間にわたって記録した。その間に行なわれる歓迎式典や記者会見の様子なども合わせて描いている。

ここでもワイズマンらのカメラは「軍事演習」という現場から予想される緊張感とは対極にあるような、のどかな光景を映し出す。それはブリューゲルが描いたとしてもおかしくない、ヨーロッパの秋である。実に美しい収穫の季節である。素朴な民家が続く町並みに突如姿を現す機甲師団。アウトバーンを走ってゆく戦車。何事かと窓から訝しげに顔をだす老人たち。彼らがアメリカ軍の兵士を目の当たりにするのは、第二次大戦末期以来のことだろうか。いったい彼らは何のためにここに戻ってきたのだろうか。

無邪気に米兵について行く子どもたち。だがこの師団に、ドイツ語を話せるような兵士はいない。英語が分かるドイツ人のみと会話が成立するだけで、言葉が通じないと、彼らはとたんに慌てる。『基礎訓練』で訓練を受けた兵士たちが、あたかもここに配属されてきたかのような錯覚を覚えてしまう。ヴェトナム戦争終結以来、緊張緩和の時代に入ったなかでの大演習である。

アメリカの南部からヨーロッパへ送られた若い兵士たちには、緊張感はほとんど感じられない。わずかに張り切っているのは、作戦を監督する立場にいる大尉だけであり、ワイズマンの視線が彼に密着すればするほど、大尉と現場の雰囲気との乖離がはっきりしてくる。若い兵士たちは演習を一種の戦争ごっことして捉えており、それはワイズマンらの視線にも明らかである。そのことを承知で帰国の日を指折り数える兵士たちの表情を捉えているのである。

しかしこの大演習の様子を国境の向こう側で見ていた人々にとっては、事態はそれほど和やかなものではなかった。一九七八年にＮＡＴＯ軍は北から南までヨーロッパを縦断するかたちで演習を繰り広げており、ワルシャワ条約（ソ連を中心とした東ヨーロッパ諸国の軍事同盟）軍にとっては緊張をあおるものとして受け止められた。ワイズマンらが取材した秋季大演習も、実際には「第三次世界大戦」を想定したものであり、東ドイツ側での緊張は大きかった。演習といえば演習であるが、それがもたらす効果は、味方側と敵側では大きく異なっていた。演習の現場の雰囲気と国際的な緊張との落差こそが、ワイズマンが捉えたかったものかもしれない。

全編に漂う空虚感は、『シナイ半島監視団』に共通するものである。監視にしても演習にしても、たとえ目的は分かっていても、彼らが実際に何のためにそこにいるのかがいまひとつはっきりしない。だからどちらの作品にも、無為に時間を過ごしているように見える人々の姿が印象に残る。わたしたちが見るのは、少なくともこの演習に参加していた人々は、「第三次世界大戦」の可能性など信じていなかったということである。

まさしく「デタント」の極致にあるようなものだが、軍事競争を徹底的にエスカレートさせて、相手を追い詰めようという作戦の一環だったとすれば、そのようなものと想定されていたということだろう。この撮影の年末にソ連がアフガニスタン侵攻に踏み切ったことを思うと、やがてベルリンの壁崩壊へ向かう序曲は、このような演習のうちに始まっていたとも考えられる。

ワイズマン監督は訓練や演習の内部に入り込み、そこでの人間の行動に終始一貫して注目し続けることを通じて、「軍事」の人間的側面を明らかにしようとしている。それはあくまで「戦争」の人間的側面ではなく「軍事」のほうであり、したがって人間の死が直接扱われるわけではない。訓練はたとえそれが敵を倒すことを目的としていても、あくまで訓練である。しかし演習のない軍隊はないし、訓練のない兵士は存在しない。戦争はすでに訓練と演習の内に胚胎している。

それは戦争映画や戦争報道が描くことのない「事前」の世界である。ワイズマンが映し出したのは「事前」だからこそ間近に見ることのできる、基地帝国が人々に及ぼす効果でもある。陸軍はドイツで、ドイツ駐留の兵士に家族の帯同を認めると、一九四五年に決定している。その効果をヴァインは次のように指摘している。

家族帯同を認める決定、そしてそれに続いてできた住宅、学校、ボーリング場、バーガーキングなどは表面的な変化のように思われるかもしれない。しかしこれらが軍や国に与えた影響はかなり大きなものだった。リトルアメリカのおかげで、平時においても海外での常駐が可能になり、米兵やその家族だけでなく、長期にわたる兵士の海外常駐に反感を抱いてきたアメリカ人たちの不安も和らいだ。

（『米軍基地がやってきたこと』、67頁）

一九八九年のベルリンの壁崩壊から九一年のソ連の消滅によって、東西冷戦は終わったと言われた。だがそれから30年たち、再び米国とロシアそして中国といった大国が対立する時代に入り「新冷戦」とさえ呼ばれている。そんななかでドイツ軍の現状について伝えられているニュースは興味深い。経済的には独り勝ちと言われ続けたドイツの軍隊が老朽化し、たとえばドイツ空軍では主力戦闘機ユーロファイターのうち稼働できるのは数機、戦車も同様に大半が動かないという有様で、有事に際して不安は大きいと報道機関がこぞって伝えたのである。背景にあるのは予算不足から来るメンテナンスの不備と、人不足である。ドイツ人の若者の志願が激減していることも深刻という。少なくとも二一世紀のドイツ軍は、ワイズマンらが記録したような大演習には、とても参加できない状況にあるようだ。

ミサイルと人間

この大演習の撮影からおよそ10年後に、ワイズマンはもういちど、軍事訓練の現場を訪れている。一九八七年公開の『ミサイル』で、カリフォルニア州ヴァンデンバーグ空軍基地で行なわれた、大陸間弾道ミサイルの訓練の記録である。それまでの三本とは異なりカラーで撮影されていることや、撮影地がカリフォルニアであることから、奇妙に明るい印象を受ける。

冒頭、訓練兵はこの基地には50の核弾頭を搭載したミサイルがあることを告げられ、彼らが負っている責任の重さを知らされる。14週間にわたって展開される訓練を通じて、彼らはその高度に複雑なシステムについて熟知しなければならない。映画は、この核弾頭を搭載した大陸間弾道ミサイルシステムの命令とコントロールについて、彼らが何を学び、何ができるようになるのかを追う。この稀有な記録が見せるのは、わたしたちとそれほど異なるところのない人々が、人類を破滅するようなミサイルの発射を手順通りに遂行できるように訓練される現場である。

内容的には黙示録的な恐怖を呼び起こすものからは程とおい、きわめて淡々とした描写が続く。基本的には『基礎訓練』と変わらない。武器が自動小銃か核ミサイルかという違いだけで、上官の「命令」にしたがってすべてが遂行される点は同じである。訓練の内容は複雑であり、予備知識のない者にはわかりにくい部分も多いが、自動車の運転を習得することと本質的な違いはないとも言える。人間がある機械を使うに際して、どのような手順で覚えてゆくかには、ある程度の共通項がある。

『ミサイル』では、そのような「操作」の習得とともに、イデオロギーの学習過程にも注目する。そこが自動車教習と異なるところだろう。核弾頭を搭載したミサイルが他の武器と異なるのは、核兵器にまつわるさまざまな言葉を搭載している点かもしれない。映画は卒業式の演説を長々と記録し、美辞麗句を重ねる軍人に嫌気がさすといわんばかりに唐突に終わるが、確かに核ミサイルだけは、そうした限りなく空虚な言葉によって、これまで飾り立ててこられたのだった。訓練が無事終了するその瞬間において、容赦なくその空虚さを暴くように終わるところに、ワイズマンの批判精神が見える。

戦争映画が基本的に、過去に起きた戦争の再現と解釈を元にしているとするならば、ワイズマンのこれらの作品は再現とも解釈とも違う視点を提供している。過去の戦争には『父親たちの星条旗』で描かれたような記憶のポリティクスがつきまとうが、ワイズマンの映像が扱うのはそのような表象とは別の次元にある、「軍事の人類学」だろう。「小植民地システム」の日常も含め、軍事の映像人類学は、訓練・演習・監視といった、実戦以外の膨大な領域を対象とする。そのとき、はじめてわたしたちが置かれた状況の全体が照らし出される。

わたしたちは相反する「表象の帝国」を見ている。マスメディアが生産する、「有事の」表象がある。言うまでもなく、その表象は米軍にとって必要なものであるが、仮にその活動が批判的に伝えられるときにさえ、少なくともそれが古典的な意味での軍隊として存在することを印象づける。海軍のPR活動も含め、それが一般的に認知されている米軍のイメージである。その光が強ければ強いほど、闇のなかに残されている部分は大きい。

わたしたちは「平時の」140万人がいったいどのような世界に住んでいるのか、そもそものような世界がなぜ必要なのか、まったく知ることがない。ほとんど表象されることがないその帝国は、古典的な意味での軍隊ではない。基地帝国とはそれ自身のために存在しながら、経済活動を拡大し、資源やテリトリーの獲得のための機会を探しつつ、必要に応じて紛争を引き起こしてゆく「非古典的」な軍隊なのである。

今日の東アジアを取り巻く状況のなかで見たとき、『基礎訓練』から『ミサイル』にいたる記録がわたしたちに教えているのは、演習や訓練の名において基地帝国は存続し拡大を続けるという現実である。この点で基地の代替とは、本質的に基地の新設と拡大にほかならない。基地はそれ自身のために基地を必要とする。

また『ミサイル』で描かれたような訓練は、おそらく核兵器を手にしている国では、多かれ少なかれ同じように行なわれているに違いない。そこで詰め込まれるイデオロギー教育に多少の違いがあるとしても、核は基地帝国にとってなくてはならない武器である。被爆国に依然としてこれほど基地が多いことがそれを証明している。そこから目をそらすわけにはいかないだろう。

ワイズマンが慎重に描いているように、核を搭載したミサイルの発射ボタンに手をかける人々は、前時代的な政治家でもないし狂った独裁者でもない。それは頭の回転も速く冷静な人々であり、わたしたちと変わらぬ知性をもった人々でもある。彼や彼女が遂行するべく訓練されていることは、彼らが属するシステムのなかではけっして間違った判断ではない。

そうした人々が、このアジアだけでも数ヵ国に存在し、ワイズマンが観察した時代とは比較にならぬほど向上した性能をもつ迎撃システムや早期警戒システムを背景にして仕事をしている。そうした日常を考えてみると、核兵器は間違いによって使われるのではなく、命令に従う普通の人々の冷静な判断によって効果的に使われるだろう。

だからわたしたちは日常に目を凝らす必要がある。戦争は海の向こうで始まるのではない。ワイズマンの映画は、基地や小植民地の存在において、演習や訓練という名のもとにおいて、いまそこですでに起きていることを注視するためのプラクティスなのである。

もうひとつの西海岸へ

興味深いのは、それ自身のために存在する非古典的な「基地の帝国」という視点が、ほかでもない沖縄において発見されたらしいという点である。ジョンソンはそのことを、プロローグで次のように書いている。

一九九六年二月まで、わたしは軍隊と積極的なかかわりを持たないほかの大半のアメリカ人とおなじように、われわれの軍事基地の帝国にごくわずかな関心しか向けていなかった。わたしはそのとき、わが国が一九四五年以降ずっと占領してきた日本の小さな島、沖縄にある事実上のアメリカの軍事植民地をはじめて訪れたのである。（…）沖縄訪問後、わたしは沖縄駐留アメリカ軍の歴史について調査をはじめ、それについて文章を書いた（…）沖縄に住んでいない多くの日本人がそうであるように、わたしはこの島の状況を特異なものだと見なしがちだった。

（『アメリカ帝国の悲劇』、12、14頁）

駐留米軍の歴史を調べてゆく過程で、著者はかつて冷戦時代に熟知していた米軍の構造を別の角度から検証しなおすことを迫られたに違いない。そして冷戦がソ連を追い詰めるという目的とは別に、途方もない野心をアメリカに抱かせていたことに気がつく。それが軍産複合体や石油産業と連携し、軍事基地として成立する帝国である。

沖縄が特異ではなく典型的な例であることをわたしが理解するのには時間がかかった。

（同書、14頁）

すなわち、軍事植民地としての沖縄は、例外的な状況ではなく、むしろ「基地の帝国」としては典型的な例として理解されたのである。日本と中国の政治経済の研究を専門としてきた一学者が、一転して世界的な軍事構造の分析にエネルギーを注ぐきっかけになったのは、おそらく偶然ではない。そもそもひとつの島の事例が、グローバルな構造の典型例として理解されたのは、沖縄においてはそれがはるか前から「帝国」として意識されていたからではないだろうか。大陸の帝国と、島国の帝国のあいだに存在した沖縄にとって、「琉球政府」が君臨する基地の島とは、第三の帝国以外のなにものでもない。

さらに言えば、沖縄が基地帝国の典型的な例であると同時に重要なことは、第二次大戦最後の戦場として、日本における唯一の地上戦の戦場であったという特異な歴史の上にあるということである。沖縄が「基地帝国」が存在する世界のどの国よりも、持続的な抵抗の眼差しをもっていたことは当然である。ジャーナリズム、批評、文芸、音楽、演劇、映画、写真……あらゆる表現領域にまたがり、帝国に抵抗する眼差しは深さと広がりをもった文化のなかに遍在している。この持続的な抵抗が、一九九五年に爆発した沖縄の怒りとともに、「基地帝国」の輪郭を描いたのではなかったか。[7]

この点でワイズマンのカメラに現れる「基地帝国」の片鱗は、同じ時代に写真の表現としても現れていたのだが、それは最終章で扱いたい。アメリカ人にとっての沖縄の大衆イメージの大半は、観光産業によってつくられたものであり、そのスタイルはヨーロッパ人が抱いた南洋幻想にはじまり、ハリウッド黄金時代の南海映画にいたる歴史をそのまま踏襲したものだった。この点で沖縄の楽園イメージは、日本のどの地域よりも、ハワイやカリフォルニアのそれによほど近いと言えるだろう。風景画としては構図、色彩、テーマどれを取っても、基本的には一八世紀から一九世紀に新古典主義の画家たちによって好まれ、写真に受け継がれたものである。

広大な空と海を背景にし、前景には自然と結ばれ、固有の価値をたずさえて立っている人間がいる。航海記や博物画家のデッサンを元にし、タヒチやハワイを題材にして描かれたそれらの大作は、一九世紀には石版画による印刷から写真による大量複製をとおして、二〇世紀には映画とテレビを通して夥しい数のヴァリエーションを生み出していった。その形式は今も日本の観光キャンペーンに受け継がれている。

これを写真による風景表現に受け継いだのが二〇世紀のアメリカ写真だったことは、アメリカの自然がそうさせたというよりも、アメリカの社会が求めた結果だった。アンセル・アダムスに代表されるような風景表現が南西部や西海岸を中心にして出現したのは、極端な自動車化社会への反動としての、風景の再発見だったとも言えるだろう。一九七〇年代に登場したアメリカの風景写真は、テーマもスタイルも異なりながら、それ以前には見られなかった、一種の空虚さの感覚を共有している。

特にルイス・ボルツやロバート・アダムスといった、その後の現代写真に強い影響を与えることになる写真家たちが、アメリカ西海岸から登場してきたことの意味は大きい。一九七五年にニューヨーク近代美術館で開かれた『ニュー・トポグラフィックス』展で注目されることになる美学は、長い目で見れば一八六〇年代以降の写真史において、ほぼ1世紀以上続いてきたロマン主義への別れだった。一九七〇年代に活動を開始した写真家たちが生まれ育ったのは、風景となるべき価値をもった一九世紀的な自然のかわりに、高速道路とハリウッドがもたらした人工の砂漠だったからである。[8]

工場、スーパーマーケット、ニュータウンといった均一化された場所で彼らが見つめたのは歴史性を欠いたテリトリー、人類学者マルク・オジェが「非場所」と名付けたような土地である。とりもなおさずそれは、世界各地に蔓延してゆくグローバルに活躍する消費と情報の空間であり、個人的な記憶と感情を必要としない資本のテリトリーだった。

これが七〇年代に起きた「風景」から「領土」への転回だった。

エントロピーの風景

それは光り輝く「西海岸」文化のもうひとつの顔だろう。ワイズマンの軍事映像が、あくまで人間の姿を通して基地帝国の輪郭を描いているとするならば、同じ時代にルイス・ボルツは人間がいなくなってしまった後の風景として描いたといえるだろう。ルイス・ボルツの八〇年代の作品《サン・クエンティン・ポイント》と《キャンドルスティック・ポイント》は、アート作品としてだけでなく、歴史学的あるいは社会学的な価値をもっている。前者はサン・クエンティンにあったカリフォルニア州立刑務所跡、後者はサンフランシスコ湾に面した旧米海軍造船所跡を撮影したもので、いずれも「荒地」のランドスケープである。同名の写真集は写真史に残る傑作として知られるが、それらは超巨大フランチャイズとしての「アメリカン・ヴィレッジ」の行方を暗示しているようにも読めるのである。

ボルツの展覧会を日本で企画した深川雅文は、その写真を評して次のように書いている。

草木が不規則に生えている荒廃した地面、そこに散乱する空缶、瓶、ガラス片、プラスチックのゴミ……混沌とした土地の異様な形相が、クローズアップを多用したカメラワークで、まるで犯行現場でも撮るかのように、写し込められている。不思議なことに、冷徹なまなざしで見つめられた廃棄物たちは、光の横溢のなかで、豊潤なニュアンスを見せ、ときおりはっとするような優美さを装って見る者を魅了してしまう。[9]

（『ルイス・ボルツ――法則』展カタログより）

ボルツの写真は悪名高い刑務所の痕跡をたどるようなものではなく、ゴミ捨て場と化した荒涼とした土地を、まるで検証するかのような視線で記録したものだ。だが制作したモノクロームのプリントには独特の艶やかさがあり、ゴミ捨て場が一瞬輝いているように見える。その廃墟のイメージがロマン主義的廃墟表現と異なるのは、過去に存在した文明や建築への志向ではなく、現在進行している廃墟化を志向しているところにある。

サン・クエンティンの廃墟的な光景は、現況を告げる単なる写真記録の領域を超え、人間文明の終末を告げ知らせる黙示録の趣さえある。万物は崩壊する。ここには、人間文明も免れることのできない例外なき法則――エントロピーの法則――の存在を際立たせるイメージがある。（同書）

いっぽうサンフランシスコ湾に面する米海軍造船所の跡地を撮影した《キャンドルスティック・ポイント》のほうは、クローズアップではなく一定の距離を保ちながら、やはり廃墟となった土地を俯瞰してゆく。展示のインスタレーションが重要で、それは次のようなものである。[10]

八四点の混沌とした廃墟的なイメージは、重層的かつ適度に拡散させたかたちで壁面に布置され、見る者に対してこの地の全体像をかたちづくることをあらかじめ拒絶している。こうした作

品の不安定な配置全体が、エントロピー的な、秩序の拡散のイメージを増幅させるのである。（同書）

エントロピーの法則は、「例外なき法則」としてルイス・ボルツの展覧会名ともなったが、これらの廃墟の風景はかつてクロード・レヴィ＝ストロースが『悲しき熱帯』のなかで語った、人類学に代わるものとしての「エントロピー学」を彷彿とさせる。人間文明が例外なき法則に従って行き着く先にある、風景である。それはあらかじめ廃墟として登録されている、文明の内から拡大する「荒地」なのである。

領土を拡大することなく、世界を包囲している「基地帝国」もまた、そのような荒地のひとつである。エネルギー経済と電子情報網によって結ばれた見えない帝国が、文明を内から支配しつつ荒地を拡大してゆく。その様子はある意味でトーチカによってできている植民地のようなものであり、それぞれのトーチカは何千もの人々が住んでいる都市なのである。

もし映像がそのような帝国を明るみに出すことができるとすれば、この点においてかもしれない。写真の歴史が示すように、それは本質的にトーチカの構造をもった一連の機械群によって成立しているからである。帝国は常に視覚機械を必要としてきたし、それはすべての機械が電子化された現在では、全域化している。トーチカのなかから監視技術を駆使して世界を見ている兵士たちは、カメラのなかに住んでいる人間たちである。トーチカのなかに自らを閉じ込めている人々とは、コンクリートとフェンスでできた墓のなかで、あらかじめ死を受け入れている人々でもある。基地帝国とは、このような二重の死を担保にして拡大をつづけるシステムととらえることも可能だろう。

この点でボルツが《キャンドルスティック・ポイント》発表後に風景写真から去り、ハイテクノロジーや監視社会へと、その興味の対象を大きく変えたことは示唆的であった。日本のハイテク企業の現場を撮影しながら、彼は「ここで平和のための実験が行なわれているのか、核戦争のための研究が行なわれているのかわかりはしない」という言葉を残している。

第2章で扱った住民監視システムは、このような黙示録的な風景の彼方に出てきたテーマだったのである。すべての帝国がそうであったように、それはいずれ廃墟になる。そこでわたしたちは凝視するだろう。増殖してゆく基地の帝国はいつの日にか、必ずやわたしたちの前に廃墟としての姿を現すだろう。

04
空の眼

謎の大富豪ハワード・ヒューズを、レオナルド・ディカプリオが演じて話題になった映画がある。二〇〇四年公開の『アビエイター』で、アカデミー賞11部門にノミネートされ、監督賞や主演賞など主要な賞は逃したものの、映像論的にはいろいろ考えさせられる作品だった。航空映像論的に興味深かったと言ってもいい。それはヒューズという人物の「飛行家」としてのキャリアに集中した、マーティン・スコセッシ監督の演出によるところが大きかったかもしれない。

14歳で操縦を習ったヒューズは、19歳で父親から巨額の遺産を相続すると、それをそっくり飛行機と映画に投入する。好きなことだけに好きなだけお金をかけてつくったのが、一九三〇年の作品『地獄の天使』。私財を投じて完成したことで知られるが、第一次大戦で使われた戦闘機を80機あまりも購入し、自ら操縦しながら空中戦を指揮するほどの入れ込みようだった。墜落して大怪我を負っても、彼の飛行機熱は冷めるどころか狂熱的になってゆき、操縦だけでは飽き足らずに、設計士として航空機の開発にも乗り出すようになる。ヒューズ・エアクラフト社を設立し、一九三五年には飛行速度で世界記録を樹立し、さらに三七年にはアメリカ大陸を最短時間で横断、三八年には3日と19時間14分で世界一周に成功し、驚異的な記録になる。

操縦、設計の次は航空会社の経営である。まず大西洋横断飛行のリンドバーグ設立の会社が合併した大手航空会社の一つT&WAを買い取り、TWA（トランス・ワールド航空）と改名、アメリカを代表する航空路線に成長させる。さらに「ハーキュリーズ」という名の超巨大輸送機を開発し、それをたった一度だけ飛ばしたことなどが続く。アメリカ映画らしく成功した人生にフォーカスをあてて、恋人だった女優キャサリン・ヘップバーンをケイト・ブランシェットが演じたり、豪華なパーティ場面だけで2億円をかけたりと、ヒューズの狂気にあやかろうとしたのか、演出面でも話題となった。しかし成功物語はえてして平板で、よほどヒューズに興味がないかぎりは間延びしてしまう。むしろこの映画の見どころはディカプリオの不気味な演技力が発揮された、後半にあったように思う。強迫神経症と潔癖症が深刻化して、狂気の淵へと落ちてゆく後半生のほうである。

速度の限界と接触恐怖

他人はもちろん知人とさえ握手ができず、ドアノブすらも素手で触れなくなり、大邸宅から一歩も外出できなくなってゆく。ラスヴェガスの有名ホテルを買い取り、そのスイートルームから電話一本で、カジノやホテルの買収を続けたのは有名な話だが、ホテルの従業員すら彼の顔を見たことはなかったという。それほどの人嫌いだから、実像は謎に包まれたままだった。たとえば黴菌を極度に恐れるあまり、頻繁に手を洗う癖があったとか、ティッシュペーパーの箱を靴の代わりに履いていたとか。悪化すると出血するまで手洗いがやめられないため、やがて風呂にも入れなくなり、ひとり裸で部屋に閉じこもったとか。映画では試写室に閉じこもる孤独で不気味な姿が映し出される。このあたりは、オーソン・ウェルズの『市民ケーン』で、ケーンが城のような邸宅に引きこもった場面を想わせるが、豪奢な生活をつづけたケーンとは違って、ヒューズはまるで荒野の隠遁者の姿のまま老いていった。

ひとり椅子に座り続け、口にするのはミルクだけ。まるで影のようにやせ細ったミルクよりも白い肌に、さまざまなフィルムが映し出される。人間を離脱してゆくような、カフカの『変身』のグレゴール・ザムザのような奈落へ落ちてゆく大富豪。スコセッシ監督が執拗に描くのは、人類の誰よりも速く、誰よりも高く、誰よりも遠くへと移動することに成功した男が、暗闇のなかで不動の状態を続けている異様な身ぶりなのである。限界の速度で移動する者は、もはやどこにも行かない乗り物に乗っているのだというパラドクスだろう。

だから彼は試写室に閉じこもる。映画とは移動せずにどこにでも行ける乗り物だからである。ハワード・ヒューズは数十年間も世間から身を隠したが、亡くなったのは病院に搬送される自家用機のなかだった。アメリカ映画界きっての長身ブロンドの伊達男は、身長が10センチも縮み、体重も42キロとやせ細った姿で、遺体の本人確認が知人にもできない状態だった。

実話にしてはあまりに映画的なのだが、ヒューズの伝記は映画そのものであると同時に、産業としての飛行機なのだった。映画と飛行機が憑依したような人生であり、少なくとも映画のタイトルとしては嘘偽りのない「飛行家《アビエイター》」だった。もちろんただの飛行機乗りではない。操縦にはじまり、設計と開発から航空業界の編成を通して政治的な影響力をもつようになり、宇宙開発から軍事システムにまで拡大した、世紀の飛行家だった。だからこそ彼の後半生と謎めいた死は、衝撃的だったのである。

さまざまな憶測があるなかで、確かなのはヒューズが天文学的な額の遺産を残したこと、その会社ヒューズ・エアクラフト社が民間機だけでなく、軍事産業にも大きな影響を残す「ヒューズ帝国」を築いたこと、そして会社と航空軍事産業界全体の成長に反比例するようにして、ヒューズ本人の身体は縮んでいったということである。好きな時に好きな場所へ行ける人間は、最終的に縮減して、自ら捕囚の身となったとも言える。この「ヒューズのパラドクス」とも言える奇妙な運命が、実は今日、世界全体を覆うに至った、「航空映像論的必然」とでも言いうるものを抱えていたことを、この章で辿ってみたい。

ディカプリオ演じるヒューズの裸の背に、アメリカ南西部のサボテンが影絵のように映される場面が印象に残る。世界の富の半分を手にしたとまで言われた、史上最速の男の身体に砂漠が広がってゆくのである。それが「アメリカ」という名の砂漠だ。

アメリカのカミカゼ

さて映画『地獄の天使』はヒットはしたものの、常識はずれの予算を回収することはできなかった。それでもヒューズは、一九三〇年代に数本の映画を制作しており、四三年には軍国主義下の日本を描く作品『Behind the Rising Sun』をヒットさせている。真珠湾攻撃も話のなかに織り込まれたこの作品は、ヒューズが第二次大戦の戦闘機についても深い知識をもっていたことを示している。さらにヒューズは、日本人が奇襲を仕掛ける以前に、日本にはどのような行動をとる人間がいるのかということにも興味を持っていたことを窺わせる。実際三〇年代のアメリカには、映像技術を通して、戦争における近未来を予想できる人々がいた。そのひとりがテレヴィジョンの開発史に名を連ねる発明家のひとり、ウラジミール・ツヴォルキンである。[1]

ブラウン管の名前で知られるように、テレビ受像機の原型は、ドイツ人のフェルディナント・ブラウンが一八九七年に発明したオシロスコープである。その後世紀をまたいで、ロシアのボリス・ロージングが機械式受像装置の研究を続け、その弟子のツヴォルキンが陰極線管を用いた送受信装置を開発、これに日本の高柳健次郎による有名な「イ」の字の受像実験の成功が加わり、電子式テレヴィジョンの技術的基礎が揃うことになった。ツヴォルキン自身はロシア革命後にアメリカに移住し、アメリカラジオ会社（ＲＣＡ）でテレヴィジョン開発を率いて一九三〇年代にはさまざまな関連技術の研究を進めていた。ブラウン管による電子映像の送受信システム「アイコノスコープ」を発明したのは、ヒューズの『地獄の天使』がヒット中の一九三一年である。こうして彼は三〇年代を通じてテレヴィジョン関連技術の研究を続けていた。

その研究中に、彼はＲＣＡの技術者を通じて、日本が新型の「兵器」を開発していることを耳にした。一九四一年の真珠湾攻撃よりもかなり前のことだが、その「兵器」は目標を確実にとらえる巡航型の爆撃機である。なぜ確実に目標をとらえられるのだろう。どうやって誘導しているのだろう。ツヴォルキンはその危険性を直感的に理解した。[2]

もちろん、この方法の実効性については論証の余地があるが、しかしこのような部隊で心理的な訓練が可能になれば、この兵器はもっとも危険なものとなるだろう。こうした方法がかの国で導入されるかどうかを予期するのは困難なので、われわれとしては、問題の解決についてはわれわれの技術的な優越性を信頼しなければなるまい。

（『ドローンの哲学』、104頁）

ツヴォルキンはこの時点で「心理的な訓練」、すなわち自爆を前提にした攻撃が可能なのかどうか判断はできなかった。それでも彼が危険性を理解できたのは、すでにアメリカが無線で制御できる飛行機の原型を考案していたからである。だが問題があった。地上の基地から制御するには、飛行機が見えていなければならなかったのである。機体が視界の外に出てしまうとコントロールができなくなる。ツヴォルキンは、この問題に対する解決策を、日本人が見つけていると理解したのである。

日本人が当初「体当たり攻撃」と呼んでいた方法は、ツヴォルキンからすると、基地との視覚的な接続が断たれてしまっても、目標に向けて確実に飛行し攻撃を完遂できる技術になる。もしアメリカが兵士の自爆を前提としないならば、技術的に解決するほかはない。どうしたらよいのだろうか。この特別攻撃隊に対抗するための、ツヴォルキンの解決案は、彼の頭のなかでは技術的に可能なものであった。自殺操縦士と同じ効果を得るためには、操縦士の代わりになるロボットのような手段が必要になる。その手段こそが、魚雷を無線でコントロールするために、その先端に「電気の目」を装着することだった。

電気の目とは、すなわちツヴォルキンが開発中だった映像を無線で基地に届ける技術、遠隔性視覚としての「テレヴィジョン」である。テレヴィジョン開発史ではあまり語られない、兵器開発のエピソードだが、ここで引用した『ドローンの哲学』の著者グレゴワール・シャマユーが注目したのは、ツヴォルキンが自爆攻撃への対策として、ドローンの祖先となるような遠隔操作ミサイル技術を想定したことである。[3] 自殺的な攻撃ができない以上、遠く離れた目標に向かって確実に爆発物を投下するには、遠隔操作の映像技術が必要になる。おそらくハワード・ヒューズは知らなかっただろうが、彼が爆撃機や偵察機の開発に夢中になっていた時期に、飛行家を必要としない技術の開発も始まっていたのである。

空の眼は瞬かない

テレヴィジョン開発の余白部分に現れたドローンの幼年期が、「ヒューズ帝国」の勃興期と重なることは興味深い。ツヴォルキンの提案は戦時中に実用化されるには至らなかったものの、その後、別の場所でおきた複数のイノヴェーションを経て、現在知られるような技術的な完成を見ている。またドローン攻撃と自爆攻撃の対比については後述するが、ここではまず軍事用ドローンの現状を、グレゴワール・シャマユーの整理に沿って概観しておきたい。

別の場所のひとつは、イスラエルである。一九七三年の第四次中東戦争（キプール戦争）時に、エジプト軍の地対空ミサイルの猛撃を前にして、一種の囮《おとり》として飛ばしたのがドローンだった。エジプト軍が囮ドローンへ一斉射撃した後、地対空ミサイルの砲台の位置をドローンが突き止めて、これをイスラエル軍の戦闘機に知らせることに成功したのだった。そして一斉射撃の後ミサイルを充塡している間に、戦闘機が砲台を狙い撃ちにして壊滅させたのだ。このときのドローンの生みの親であるアル・エリスーは次のように語ったとされる。

私がしたことは、模型飛行機を作って、それにカメラを備えつけ、写真を撮ることだけでした。（…）しかしそれが一つの産業を生み出すことになったのです。

（『ドローンの哲学』、40頁）

ドローン＝飛行機＋カメラであるが、この時点ではまだ遠隔操作による偵察と監視の装置である。ツヴォルキンのアイデアがアメリカで復活するのは、一九九〇年代になってからで、正確には一九九九年に偵察ドローンがコソヴォで作戦を展開することになってからである。プレデター（捕食者）と命名されたドローンＭＱ－１が最初のミサイルを砲撃するのはアフガニスタンで、二〇〇一年の「ブッシュの戦争」であった。

その後の10年間で攻撃型ドローンは性能面だけでなく、量的にも急成長していった。特に二〇一五年以降になるとアメリカでは戦闘機や爆撃機のパイロットを合わせた数よりも、多くのドローンのオペレーターが養成されているという。実際に空中にいない兵士も「操縦士」であるが、やはり「オペレーター」と呼ぶほうが実情には近いだろう。実質的には数千キロも離れた土地で、高度数千メートルで動いているビデオカメラを操作する「操縦士」である。リアルタイムで送られてくる映像を分析し、総合的に判断をくだす情報処理型の操縦である。したがって、ミサイルを搭載した監視－殺人機械としてのドローンとは、シャマユーに従えば、「ミサイルを装備した飛行型の高解像度ビデオカメラ」ということになる。

異様な比喩のように思えるが、冷静に考えてみれば、むしろ映像史を正確になぞっていると言ったほうがいい。引き金と銃口とのあいだに、何千キロメートルの距離があるとしてもである。武器とカメラが一体化したのは、ドローンが最初ではないのだ。

一例をあげれば、フランスの生理学者エティエンヌ＝ジュール・マレーが発明した、ライフル型の撮影機「写真銃」である。ライフルで目標を狙うようにして、たとえば飛行する鳥に狙いを定めて引き金を引くと、連続写真が撮れる。ドローンとの違いは、オペレーターと武器のあいだに、遠隔コントロールの距離が介在するか否かという点だろう。

だが一九世紀の話をわざわざ持ち出さなくても、わたしたちは幾多の娯楽映画をとおしてドローンの仕組みや攻撃の実際を知っているだろう。ハワード・ヒューズから始めたこの章では、むしろこうした映画のなかに系譜をたどるほうが、妥当である。[4] たとえば『アイ・イン・ザ・スカイ』のリアルな描写はどうだろう。日本公開時の「世界一安全な戦場」というサブタイトルが示すように、戦争映画としてはかなり特異な作品で、「戦闘場面のない戦争映画」とも言える。ハリウッドムービー的な派手なアクションを期待する観客にはきわめて地味な作品でもあり、設定はイギリス映画が得意とする舞台劇と言ったほうがいい。それでも最後まで緊張感が続くのは、イギリス軍パウエル大佐役のへレン・ミレンや、国防副参謀長ベンソン中将を演じるアラン・リックマンといった、演技派俳優の存在感のおかげでもある。

ストーリーは英米の対テロ作戦合同チームが、ケニアの首都ナイロビの隠れ家に集結するテロリストらを捕獲しようと、ドローンで監視するところから始まる。ところが室内の様子を監視するうちに、テロリストたちが自爆攻撃用のベストを着用し、犯行予告の映像を撮影していることがわかり、今まさに無差別テロ決行の直前であることが判明する。合同チームは現地のケニア軍とともに、これを未然に防ぐべく作戦を変更して、テロリストの殺害を決定。アメリカ合衆国ネバダ州の米軍基地では、上空で監視を続けるドローン「MQ－9」のオペレーターが、ロンドンのパウエル大佐からの指令を受け、ヘルファイアミサイルの発射準備に入る。ドローン攻撃と自爆攻撃が対立要素となるあたりは、ツヴォルキン的想像力の延長上にあるストーリーだとも言えるだろう。

さてテロリスト一掃の発射準備が整ったそのとき、ドローン画面のなかに、隠れ家の外の路上でパンを売る人影が現れる。隣に住む少女アリアの姿で、ここからストーリーは自爆テロによる無差別殺人を未然に防ぐか、それとも、巻き添えになる少女を逃がすかという、二者択一の選択をめぐって展開する。政治家と官僚と軍人がそれぞれの論理をめぐって激しく応酬するが、それはタイムリミットが近づくほどに、ドローン攻撃が迫る軍事作戦とも、ナイロビの市井の人々の日常生活ともどんどん乖離してゆく。彼らが法的に正しいかどうかに固執すればするほど、それが誰を守る法なのかが明らかになってゆく。ナイロビの少女を守ると見せかけながら、結局のところドローン映像を見つめている軍人と政治家たちの自己保身も含めて、アメリカとイギリスを守るためなのである。

苦渋の選択をめぐるドラマは他にいくらもあるが、この作品の特異なところは、ストーリーの大部分がドローンの監視映像と、会議室や作戦室といった密室での議論で進行する点である。ナイロビ郊外の町並みやネバダ州の基地の風景は付随的で、ほぼ密室劇のような雰囲気で展開する。それは誰にも気づかれず、じっと監視し続けるドローンの眼が作り出す、一望監視体制の雰囲気である。

新・地獄の天使たち

もしハワード・ヒューズが見たら、これを戦争映画だと言うだろうか。自ら戦闘機を操縦し、墜落して九死に一生を得るほど、まさに身体を張って映画作りに徹したヒューズから見れば、『アイ・イン・ザ・スカイ』は戦闘なき戦争映画、飛行家なき飛行映画ということになるかもしれない。しかし、映画が詳しすぎるほどに描写するドローン操作と攻撃手順の実際に注目すると、ハワード・ヒューズとの接点は意外なところにあるという気もしてくる。

監視と攻撃に使われるMQ－9は、別名リーパー（Reaper）と呼ばれるジェネラル・アトミックス・エアロノーティカル・システムズ社製の軍用無人航空機である。非常に長い航続距離と攻撃能力をもつところから、「ハンターキラー」と称される。MQ－1「プレデター」より大型だが、二〇一〇年にはアメリカ空軍州兵航空隊の航空団で、F－16戦闘機と交代する形でMQ－9の配備が行なわれた。有人の戦闘機からMQ－9という無人機に改編されたわけである。以後「リーパー」がその存在感を増してゆくにつれ、映画に登場する機会も増えて、軍用ドローンの代名詞的な存在になっていった。

たとえばアンドリュー・ニコルの『ドローン・オブ・ウォー』（原題は *Good Kill*）でも、1万キロ離れたアフガニスタン上空を飛ぶMQ－9リーパーがタリバン兵をヘルファイアミサイルで攻撃する。イーガン少佐がモニターを見つめているのは、ラスヴェガス近郊のアメリカ空軍基地のコンテナである。彼はもともと戦闘機パイロットだったため、機体に乗らずに出撃する毎日に次第に違和感をいだき始める。たとえ撃墜されても、死ぬことはない。任務が終われば子どもにプレゼントを買って家に帰ることにもなる。平和な日常生活と戦場とが地続きなのである。そこから精神に変調をきたしてゆくというのが、この映画のテーマになっている。

『アイ・イン・ザ・スカイ』ではリーパー以外にもいくつか異なるドローンが登場する。高精度なカメラをもつリーパーでも、さすがに屋根の下の様子はわからない。そこで隠れ家の窓に近づいてゆく鳥型のドローンや、家に侵入して屋根裏から室内の一部始終を撮影する昆虫型のドローンが出てくる。さすがにここまで来ると現実にはありえない映画的発明品という気がしてくるが、実際はそうでもないらしい。『フューチャー・ウォー』のロバート・ラティフは、二〇一一年頃の話として、次のようなエピソードを披露している。

二〇一一年も押し詰まったころ、「米国空軍研究所」では鳥と虫の大きさをした、半自律型および完全自律型の二種類のドローンを開発すべく研究が続けられていた。いわば〝ミニLOCA

S〟みたいなもので、特定地域の上空を巡回しながら、標的と見なせるものを感知したら、独自の判断で爆発物その他の〝死の一撃〟を叩き込む——というのが基本コンセプトである。

（『フューチャー・ウォー』、12頁）

同書ではハエやトンボの複眼の仕組みや、ハチの安定した飛行の研究を行なう研究所の例もあり、映画に出てくるドローンがまったくの空想の産物でないどころか、実現可能なアイデアですらあることが窺われる。むしろ問題は実現可能かどうかよりも、完全自律型の殺人兵器を人間の軍隊が受け入れられるかどうか、のほうにあるようだ。

ドローン（drone）とはもともと「雄蜂」のことなのだが、早晩「地獄の天使」たちはハエやトンボのかたちをした殺人機械に取って代わられるということかもしれない。それはさておき、これらの映画が興味深いのはドローン攻撃を告発するからでも、倫理的な意味を考えさせるからでもない。仮に制作者たちにそのような意図があったとしても、後述するように、そこには決定的な欺瞞が存在している。むしろそれは映画の形式を使って、ドローンが映像‐戦争機械であること、それが人間をどのような状態に追い込んでゆくかが垣間見えるからである。ここではふたつの点を指摘するにとどめたい。

ひとつはその知覚が、時間的にも空間的にもリアルタイムのネットワークに接続された装置の一部と化すということである。確かにオペレーターは戦地に送られることもなく、家庭から戦場へと通勤するという、およそ軍事作戦的には考えられないような生活を享受することができる。だがひとたび任務につけば、ドローンの眼と一体となり、複数の情報を処理しながら、攻撃を遂行しなければならない。椅子に座ったまま、何千キロも離れたところにいる人間を殺す、その最期の瞬間を見届けることになる。

多くの研究者が指摘しているように、ドローン攻撃は高度な偵察映像の分析と合わせて、特定の個人の殺害に使われるようになっている。前章で扱ったビン・ラディン殺害では、作戦の一部始終がアメリカ本国にリアルタイムで送られていた。ホワイトハウスの地下にあるシチュエーションルームでオバマ大統領やゲーツ国防長官、クリントン国務長官などによって、隠れ家の急襲から殺害の瞬間までがリアルタイムで見守られていたのである。

戦争というものが古来もっていたイメージは、匿名の集団どうしの戦いであるが、「対テロ戦争」の時代はそのイメージを一掃してしまっている。ドローン攻撃はその最たるものであり、治安維持と境目のなくなった戦争において、オペレーターは特定の人間を監視し、命令次第でやっつけるということになる。オペレーターのなかには民間の軍事会社の社員もいるが、アメリカ軍の交戦規定によって、映画でも見られるように、最後の攻撃は軍人によらなければならない。いずれにせよ任務が完了し、家に戻った兵士たちの知覚は、何事もなかったかのように殺人者の知覚から戻れるだろうか。

もうひとつは、このことと直接関係しているが、オペレーターがドローンを操縦するのは空軍基地に置かれたコンテナである。そこには窓はない。高度な機密情報を扱うというだけでなく、現実の場所と隔絶した部屋に閉じこもることで、日常とは異なる時空へ自らをロックするためでもある。二一世紀の地獄の天使たちは、窓のないコンテナに閉じこもり、ドローンから送られてくる映像を凝視する。そうすることによって、彼は「神の眼」のようにして数千キロ先の町へと舞い降りる。

この状況がわたしたちに想起させるのは、意外なことではあるが、晩年のハワード・ヒューズの姿である。試写室に閉じこもり、不動の姿勢で縮滅していった稀代の「飛行家」である。その肉体は縮滅の末に滅びたが、もしかすると彼のヴィジョンは、40年後に砂漠の彼方で人間狩りを行なう「リーパー」に憑依しているのかもしれない。基地のコンテナに閉じこもり、特定の人間に死をもたらすオペレーターの身体に乗り移っているかもしれない。

複眼映像の未来

実際、ヒューズ・エアクラフト社は航空機から通信衛星の開発、航空システム全般へとビジネスを拡大し、軍用の無線データ通信システムのひとつである、統合戦術情報伝達システムの開発も行なっている。戦術データリンクは司令部をはじめ陸海空の軍用プラットフォームを、文字通り統合してひとつのネットワークとして接続させる。基地帝国の神経網と言えるかもしれない。ドローンの監視映像を他のデータと合わせて陸上の司令部と英米の作戦室や会議室との間でやりとりするには、こうしたネットワークが必要である。

ドローンが増加するということは、偵察や監視のデータも増加するということであり、そのためにはデータの分析と伝達システムも増強されなければならない。アメリカ国防総省がかかえる無人機の数は、二〇〇二年以降の10年間で40倍となり、現在ではさらに増え続けている。それらが録画する映像の量も膨大なものとなり、二〇〇九年の1年間にアメリカのドローンが録画した動画を総計すると、時間換算で24年に相当するとも言われる。

先にも紹介したグレゴワール・シャマユーは、ドローンの爆発的な増加がいくつかの原理に支えられていることを指摘している。それらのなかで映像論的に重要なのは、監視の全域化とアーカイヴ化である。ドローンは超広域監視を可能にする。航続距離が長くなるだけでなくシステムとして総覧的になり、全視野的（シノプティック）と呼ばれている。現在のドローンは単眼のレンズを上下左右に動かしたりズームしたりして、視野をカバーしているが、シノプティックなシステムは、全方向に向いた小型カメラが個別にコントロールされるようになる。

モデルになるのは昆虫の複眼だが、複数のカメラからの映像をリアルタイムで統合し、全体的な画像を得られる。飛躍的に増した解像度によって、空中に静止した状態の1台のドローンが、ひとつの都市の全域をカバーすることも可能になるだろう。そうなれば、町中にある数千台の監視カメラ映像を、1台のドローンが代替してしまうかもしれない。シノプティックカメラ1台の録画は現行の100倍の速度で多数の端末に共有されるようになる。おそらく5Gの世界では当然である。

そこで記録された映像は、当然のことだが、何回でも再生することができる。シャマユーはこれを「全体的アーカイヴ化ないし生活全体の映像化の原理」と呼んでいる。ドローンによる全域的・恒常的な監視は、ひとつの都市の全体を記録し、そこに現れるあらゆる交通手段や人間の移動のトラッキングを可能にする。

この映像を何千回と再放映し、その都度異なる人物に焦点を当て、その人物をズーム・アップしてその人の尺度で歴史をもう一度見直すことができる（…）。たんに空間的だけではなく、時間的にも、思うままに行き来することができる。ある出来事が生じたら、その前にさかのぼって時系列をたどりなおすこともできる。

（『ドローンの哲学』、52頁）

この地球大のネットワークと結びついた、複眼カメラの監視システムはまさに《Desire of Codes ―欲望のコード》が描いていたものである。わたしはあるとき、三上晴子から、もしアーティストでなかったら、生物学者になりたかったと聞いたことがある。生命工学から環境科学まで、生命現象にも有機農業についても、非常に幅広い興味を抱いていたから、それは本心だっただろう。《欲望のコード》でも、カメラの動きを「生き物が蠢《うごめ》く」と表現したり、スクリーンを複眼と呼んでいたことからも、それは納得できる。

その彼女が亡くなる直前に手がけていたのは、ドローンを使った作品だった。実験途中の様子からすると、飛行する昆虫の群れが監視しているようなコンセプトだったようだ。作品の完成を待たずに急逝したのがほんとうに悔やまれるが、《モレキュラー・インフォマティクス》から一貫して、技術と人間の関係を見据えつづけた彼女らしいプロジェクトになったはずである。三上の興味は初期作品から一貫して技術と身体と知覚との関係にフォーカスされていたから、ドローンを扱ってもおそらく、わたしたちの知覚がどのように変容してゆくのかを問うようなものになっただろう。実験段階では閉鎖空間のなかを飛び回る複数のドローンが、いかにして衝突を避けることが出来るのかを考えていたようである。実験精神にあふれ、常に一歩も二歩も先をゆく三上晴子の眼を想い出す。彼女の思考は複眼的だった。

事後のイメージ

三上が新しい作品の構想を抱いていた頃、わたしはレバノンを訪れる機会があった。展覧会のための短い滞在だったが、パレスチナ難民のキャンプを訪問する時間があり、監視システムやドローン映像について考えるきっかけを得た。

レバノンは国旗に樹が描かれている数少ない国のひとつである。紺碧の地中海の東の端、銀雪を頂く山に抱かれ、レバノン杉を育む水と緑に恵まれた、と書けば、美しい国を想像する。だが一九七〇年代以降、この国が陥った内戦がいかにその国土を荒廃させたか、そして今世紀に入ってからも度重なる紛争に見舞われていることを思うと、ひとつの「名」とその「イメージ」の関係が問われてくる。ここでは美術家の岡部昌生と共同で参加した首都ベイルートでの展覧会を紹介しながら、イメージの内戦とも言える状況を考えてみたい。

展覧会を企画したのはベイルート・アート・センターという名の組織で、名称は立派だが家具工場の施設を改装した場所だった。中心街からはやや遠く立地はよくないが、すでに映像や現代美術を中心に意欲的なプログラムを展開し、ベイルートのみならず、中東のアートシーンでも強い注目を集めている。センターのメンバーはみな30歳前後と若く、彼らのほとばしるようなエネルギーは、9つのユニットが参加した展覧会にも十分に反映されていた。[5]

展覧会のタイトルは『事後のイメージ』である。たとえばフランスの写真家ソフィー・リステルユベールの作品は、道路にあいた大きな穴が写っている写真プリントである。穴さえなければごくふつうの街路の風景なのだが、彼女は「インパクト」をテーマに息の長い活動をつづけている作家である。イラクによるクウェート侵攻をきっかけとして勃発した湾岸戦争、戦争後に残された大地の空撮を発表していた。『事後』というタイトルの作品集では、砂漠に放置された戦車や無数に残るミサイルの穴がモノクロームの画面になり、抽象絵画のように美しかった。

さて会場で聞いたリステルユベール本人の話では、道路の穴は爆発の跡だそうで、それも自動車爆弾だという。自動車に仕掛けられた爆弾は、後にクレーターのような深い穴を残す。ベイルートをはじめ、中東のいくつかの場所で起きた自動車爆弾テロの報道を元にして、自分が撮影した街路の写真や、ネット上にあるテロ後の穴の写真などを合成しながら、事件を再現している。

レバノン出身のアーティスト、ジョアナ・ハッジトマス&ハリール・ジョレイジュもまた、事後の「穴」を扱っている。映画、写真やポストカードなどをとおして、レバノンの人々の記憶から脱落した「穴」を見せようとしている。たとえば彼らのプロジェクトのひとつに「レバノン・ロケット協会」のリサーチがある。一九六〇年代にレバノンで宇宙ロケット開発計画があったことなどレバノン人の誰も覚えていないというが、実際にはレバノンで製造され、発射されたロケットは10機に及ぶという。およそ10年間はレバノンのトップニュースだったにもかかわらず、内戦後には誰の記憶にも残っていないというから、まさに「忘却の穴」と言えるだろう。

ベイルート・アート・センターがタイトルを『事後のイメージ』に決めたのは、二〇一一年三月末のことで、それには東日本大震災の衝撃もあったようである。事後に残るものはイメージなのか、それともイメージの不在なのかというテーマに共感したわたしたちは、ベイルート滞在中に新作を制作した。かつて激しい戦闘の現場となった地域を歩きながら、新しい高層ビルが建設されつつある中心街のなかに、おびただしい数の弾痕が残る古い建物が残されていることに気がついた。

高層ビルがつくる都市の稜線は、成長と繁栄のシンボルである。ニューヨークのマンハッタンに代表されるように、スカイラインはそれぞれの都市の横顔として親しまれているが、地中海に面したベイルートのスカイラインは、まだ建設用クレーンのほうが目立つ。そのクレーンの下にはどのような生活があるのだろうか。それをユニークな方法で見せてくれる映画がある。『セメントの記憶』として公開された、ジアード・クルスーム監督のドキュメンタリーである。

セメントの記憶

映画が焦点を定めるのは、高層ビルを作っている男たちと、そのマテリアル、そして記憶である。冒頭はドローン映像で始まる。大空を舞う鳥のように都市を俯瞰しながら、カメラが迫ってゆくのはベイルート中心街。その昔「中東のパリ」と呼ばれた美しい都市は、15年にも及ぶ長い内戦で徹底的に破壊されたが、内戦終結後に始まった都市再建を経て、現在はバブル経済真っ只中である。海沿いには高層タワーマンションが立ち並び、いまも建設ブームに沸いている。ドローンカメラは市街地に入り、やがて高層ビルの建設現場へと降りてゆく。クレーンが動き、ドリルが穴を開け、コンクリートが流し込まれる。どこでも見られる建設現場の風景だが、そこから展開されるのは、わたしたちの想像を絶する現実である。

ビルの地上階には台形の穴があり、そこを通って労働者たちは現場へ入るのだが、同じ穴を通って彼らは自分たちの住処に帰るのである。彼らは建設中のビルの地下の、まるで穴倉のような空間で生活しているのだ。しかも仕事が終わってからの夜間の外出は禁止され、光り輝く美しいベイルートの夜とは無縁の、まるで奴隷状態のような生活を強いられている。撮影の時点ですでに3年間も同じような生活が続いているという。

むき出しのコンクリート壁、天井には裸電球しかないような寒々しい地下室で、彼らが見つめるのはテレビと携帯電話。そのスクリーンに映し出されるのは、内戦で破壊し尽くされているシリアのニュースである。内戦でズタズタにされたベイルートの再建のために働いている彼らは、シリアからの移民や難民なのである。ビルの建設をしているまさに同じ時に、彼らの祖国はミサイルと戦車によって破壊されている。わたしたちが目撃するのは、破壊と建設が同時に進行する世界の現実である。

破壊と建設が同時進行する矛盾した現実を、ひとつのエピソードが支えている。ある労働者が憶えている、父親の記憶だ。レバノンの戦争が終わり、ベイルートの再建が始まると、父親は他のシリア人と同じように出稼ぎに出ていった。稼いだ金をもってたまに帰ってくる父親の手は、コンクリートの匂いがしたという。その匂いは料理にもうつるくらいだったが、おそらく建設現場で働く彼らは全身にコンクリートが染み込んでいるのだろう。映画の原題は『セメントの味』で、コンクリートは父親が作る料理の風味として、記憶を呼び覚ますのである。

彼らは長く厳しい労働のすえに稼いだ金で、家族のためにシリアに念願の家を建てた。そしてそれら多くの家が、シリア内戦によって破壊されているのである。ビルの建設現場の匂いから、父親の手を思い出すシリア人労働者のエピソードは、「破壊と建設」がメタファーではなく、生身の人間の肉体において進行していることを暗示している。

ジアード・クルスーム監督はこうしたエピソードを、男たちに語らせるのではなく、あえてボイスオーバーでどこからか聞こえてくるように演出した。そのことで、誰か特定の人間ではなく、移民労働者であれば誰にもきっと、言葉ではとても伝えることのできない悲しいストーリーが充満していることを感じさせる。彼らはスクリーンに向かってけっして口を開くことはないが、それはこの映画の核心にある目論見であろう。

テレビのニュース映像のようなスタイルでは、外国人労働者たちの不平不満で終わってしまう。恨みを言葉にすれば、その言葉が元になって対立と殺戮が始まるかもしれない。それがレバノンであり、いまのシリアであるならば、クルスーム監督は、目撃したからこそ言葉にできないという経験から、新しい映像言語を作り出そうとしている。それは監督自身が、内戦下のシリアからベイルートへ脱出した亡命者だからでもあるだろう。彼はシリア革命が始まったとき、兵士として派遣された首都ダマスカスのデモ鎮圧で、市民が射殺されるのを目撃したという。

登場する男たちはみな黙して語らないが、印象的なのは彼らの眼差しである。ひとつの眼がスクリーンいっぱいにクローズアップされ、その瞳に小さな携帯の画面が映っている様子さえ見えてくる。その眼差しの先にある現実を、地下の暗闇のなかにいるしかない彼らの心は、どう捉えているのだろうか。

大破壊のアーカイヴ

空爆で崩落したコンクリートの下敷きになった人々を、瓦礫のなかで捜索する緊迫した場面が衝撃である。すでに廃墟と化したアレッポの市街を砲撃する戦車と青い水平線に向かって伸びるクレーンが交互に映し出される。わたしたちの瞳に映るこれらの映像を、わたしたちはどのように語れるのだろうか。喪失と悲しみが練り込まれたコンクリートから、未来を作り出すにはどうしたらよいのだろうか。建物を作ることと記憶を作ることの重なり合いというテーマを『セメントの記憶』のなかに見て、わたしは二〇一一年四月にレバノンで制作した作品を、別の観点から理解するようになった。

制作というのは、土を水で溶いて紙の上に流し、その痕跡を紙のうえにとどめるもので、岡部昌生は同じ年に縄文時代の土を使った作品を日本で発表していた。同じ方法でつくるには、ベイルートのどこの土を使うのがよいだろうか。センターの若いスタッフはしばらく考えた末、港湾地帯に面した

［上］ベイルート中心街の無数に弾痕が残る建物
［下］『事後のイメージ』展（Beirut Art Center 2011）より、左壁面は岡部昌生による広島・宇品の被爆石のフロッタージュ作品。奥の2点は岡部昌生・鳥本健太・港千尋による現地制作《ベイルート　事後のイメージ》

埋立地の土がよいのではないかと提案した。

埋立地を訪れてみると、そこは巨大なショッピングモールや真新しいギャラリーが並ぶ場所で、東京の「お台場」のようなファッショナブルなところに見えた。展覧会のテーマにはそぐわない風景のようにも思えたが、ともかくそこの土砂をプラスチック袋に入れてセンターに持ち帰った。これを水とボンドと混ぜあわせて白い紙のうえに流してみると、土の粒子のあいだに光る粒がある。よく見ると、土のなかにはガラスや木などの細かい破片が大量に含まれている。

ようやくわたしたちは理解した。埋め立てに使われていた土は、内戦で崩壊したベイルート中心街の瓦礫なのであった。『セメントの記憶』が描いているように、建設と破壊は同じ一つのサイクルをなしていたのである。

展覧会初日には多くのベイルート市民が訪れてわたしたちを驚かせたが、その熱気は、緊迫した現実と表裏一体のものだった。オープニング直前の五月一五日にベイルート南部の占領地域で、パレスチナ支持のデモ隊に向けてイスラエル軍が発砲し、子どもを含む多数の死者が出ていたのである。それはパレスチナにとっての大災害の日、いわゆる「ナクバの日」に起きたのだった。パレスチナの今に「事後」はなく、常に予測不能の「直前」にあるという現実をつきつけられた。そのことは『事後のイメージ』展会場に、このパレスチナ難民の記憶を収集するプロジェクト『ナクバ・アーカイヴ』も参加していたことにも明らかだった。

『ナクバ・アーカイヴ』は二〇〇二年からベイルートをベースに続けられているプロジェクトで、パレスチナ難民の第一世代の記憶を肉声で残す、デジタルアーカイヴである。現在まで600以上のインタビューが映像収録され、インターネットで見ることができる。イスラエルの占領政策は、パレスチナ系住民の殺戮だけでなく、パレスチナの歴史や記憶も消去する「過去殺し」の性格をもっている。そうしてみたとき、『ナクバ・アーカイヴ』は過去を救済するための地道な抵抗としてきわめて重要な活動と言えるだろう。

『事後のイメージ』展はこのように美術史、写真、映像、インスタレーション、建築といった横断的な構成だったが、特に内戦の記憶が濃厚なベイルートということもあり、建築や都市がひとつのテーマになっていた。この機会に知ったのが、ロンドンをベースにして立ち上げられた『フォレンジック・アーキテクチャー』という名のプロジェクトである。イスラエル出身の建築家エヤル・ワイツマンが中心となり、アーティスト、建築家、映像作家、ジャーナリストなどが協同で調査を行なう組織の名称にもなっている。フォレンジックは建築用語ではなく、もともと犯罪捜査に使われる言葉で、鑑識や司法解剖などの「法医学」の意味をもつ。またコンピュータではメモリに保存されている文書や通信記録などから、証拠を探し出す際に使われる。

「フォレンジック・アーキテクチャー」の目的は、主に建築や都市における殺害現場を調査しながら、人権侵害を告発するための証拠を揃えることで、これまで国境なき医師団やアムネスティ・インターナショナルなどをはじめとする、NGOや国際的な人権団体からの依頼を受けて、リサーチを行なってきている。

したがって彼らの目的は建物を設計することでもアート作品を作ることでもないのだが、内容が写真、デジタルモデリング、ドキュメンタリーなど、映像芸術の方法論と接点が多いため、美術館やギャラリーでもインスタレーションという形式で調査結果を発表しているのだ。それらのなかで特に多いのは、パレスチナのガザや西岸、ベイルートとの国境地帯などにおけるイスラエル軍による攻撃、シリアのアレッポへの爆撃など民間人の犠牲が繰り返し発生している地帯での実態調査である。すでに述べたようにこれらの攻撃ではドローンが使用される例が増加していることもあり、民間人の犠牲が、誰によってどのように行なわれたのかは、不明な場合が多い。フォレンジック・アーキテクチャーはこれに対して、広範にわたる映像資料を総合して、現場の再現を試みている。

その方法論の基礎は写真や映像資料の分析とそこから得られたデータを元にするマッピングやモデリングだが、興味深いのはそこで歴史的な知見を加味していることである。写真史がフォレンジックに関わるのは、それが犯罪学や司法の場に応用されていった一九世紀後半に始まる。フォレンジック・アーキテクチャーは、そうした歴史的知見を、ドローン映像や衛星写真の分析にも応用して、思わぬ角度から「犯行現場」を再現してみせるのである。

そのことは、事例をまとめた出版物『フォレンジック・アーキテクチャー——検出可能性の閾値における暴力』(*Forensic Architecture : Violence at the Threshold of Detectability*) のサブタイトルにある、「検出可能性の閾値」という言葉に表れている[6]。わかりやすく言えば、空からの偵察や攻撃の証拠は、しばしば検出可能な閾値にかかわる。具体的にはたとえば画像の民生レベル、つまり一般の使用レベルの解像度と、軍用レベルの解像度の違いで、前者が自動車の車体の判別が可能だとすれば、後者は個人の判別が可能になる。一般的なフォレンジックが権力による監視と分析の精度に依存するならば、彼らはその技術を使用して権力による人権侵害を告発するという意味で、「カウンター・フォレンジック」と

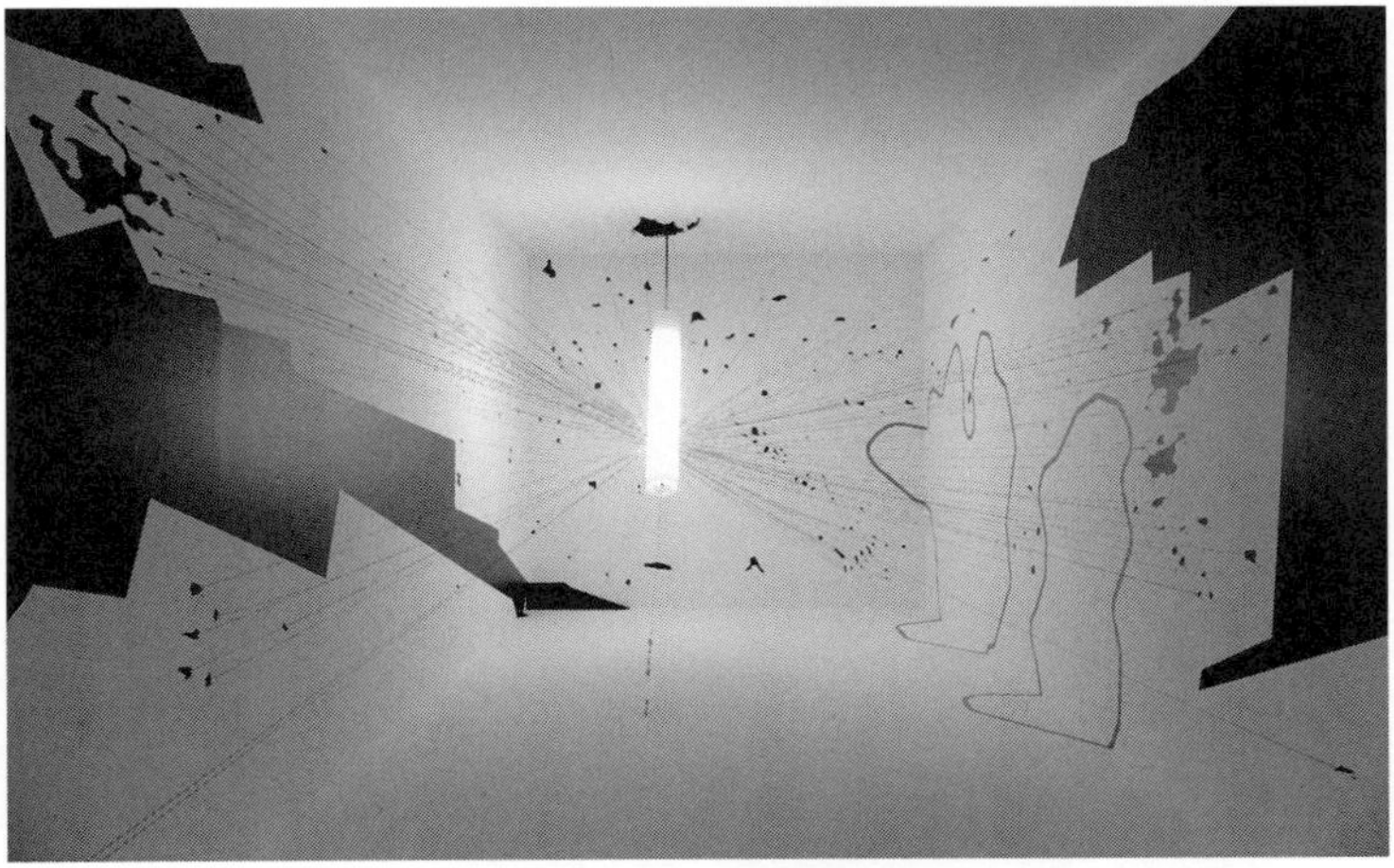

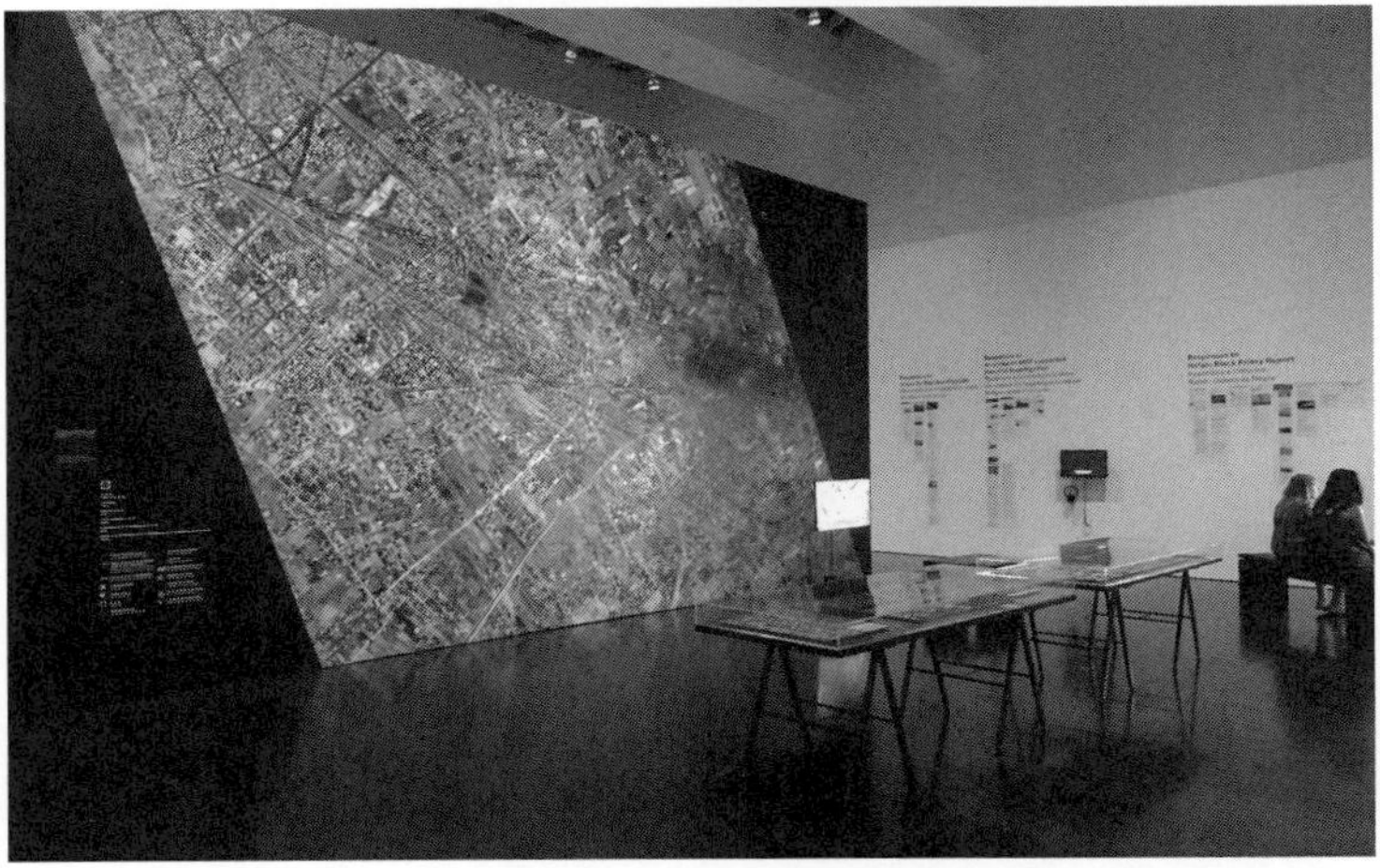

『フォレンジック・アーキテクチャー——検証的美学へ向けて』展（MACBA 2017）より
［上］ドローンのミサイル攻撃により破壊された室内の再現モデル
［下］パレスチナ・ガザ地区へのドローンによるミサイル攻撃と病院破壊の検証

呼んでいる。イスラエル軍の兵士によって撃たれた抗議デモの参加者についても、ドローンによって攻撃された病院についても、そうである。

その活動が示しているのは、端的に言ってイスラエルにとって軍事産業は基幹産業のひとつであり、世界有数のドローンの輸出国であるという事実だろう。二〇〇八年と二〇一四年にイスラエル軍はガザ地区に大規模な軍事作戦を行ない、多数の市民を虐殺したが、それが新型兵器を実地に試し、性能を市場に売り込む絶好の機会になったことは疑いない。この現実を前にすれば『アイ・イン・ザ・スカイ』など欧米の娯楽映画が、何を描いていないかが分かってくるだろう。『フォレンジック・アーキテクチャー』がドローン攻撃の現場で何が起きたのかを考察するのとは逆である。娯楽映画は無人機を使用した攻撃が、市民の無差別殺人を行なった事実を描いていない。オペレーターと軍人や政治家たちの悩む姿は、リーパーの本当の意味を隠すための演技である。

ドローンの別称「リーパー」すなわち「芝刈り」という言葉が兵士の口から出て来るのは、どういう場面だろうか。

> 数年おきに繰り返されるガザに対する殺戮と破壊。二〇〇八－〇九年には、想像を絶するジェノサイドと思われたそれが、五年半のあいだに二度、三度と繰り返されるうちに、いつしかガザのルーティンになってしまった。イスラエル軍は軍のジャーゴンでこれを「芝刈り」と呼ぶ。伸びてきた芝が刈られるように、ガザのパレスチナ人は数年おきに「刈り取られる」のだ。そのたびに何十人、何百人という子どもたちが命を奪われ、心とからだに癒しがたい傷を負う。[7]

（『ガザに地下鉄が走る日』、246頁）

ガザやアレッポを攻撃するリーパーのオペレーターは、映画のなかの俳優のように悩んだりはしない。アムネスティ・インターナショナルをはじめとするNGOやジャーナリストらの報告は、市民は戦闘に「巻き込まれ」ているのではなく、「標的」となっていることを示している。リーパーの解像度は十分に、誰が子どもで誰が兵士かを弁別している。攻撃によって起きうる民間人の死傷率が作戦室で計算できるのならば（たとえば、パウエル大佐が最後まで拘るのはそこである）、それは明らかだろう。

70年間に及んで繰り返される「民族浄化」の実態を詳細に報告しつつ、岡真理は『ガザに地下鉄が走る日』で、虐殺が「繰り返される」ことの意味を、第二次大戦の絶滅収容所に戻って考察している。絶滅収容所の存在をアメリカが探知していたかどうかは、『フォレンジック・アーキテクチャー』も、これを偵察機が撮影した写真の「検出可能性」の例として取り上げている。いずれにしても、戦後ドイツ人はそれを知らなかったと弁明した。知らなかったことが弁明になるのは、「もし知っていたら、わたしたちはそれを阻止できたはずだ」という含みがあるからである。

だが、本当にそうなのだろうか。ガザの殺戮と破壊は、世界注視のなかで起きている。最新兵器の実戦デモンストレーションでもあるのだから当然だ。日本のメディアでも報道された。私たちは決して知らないわけではない。

（同書、248頁）

明らかな犯罪性が指摘されていても、いくら非難されても、イスラエル軍が戦争犯罪で裁かれたことはない。リーパーを動かしているのは、統合的軍事情報ネットワークだけではない。「国際社会」が示す無関心のネットワークが、リーパーの真の燃料かもしれない。本章で見てきた軍隊と兵器の変質はリーパーの恐るべき現実に端的に現れているが、それが示しているのは戦争がもはや軍隊どうしの戦いではない、別の次元に移行しつつあるという事態ではないか。兵器の映像化と映像の兵器化は、監視システムと緊密に結びついて社会のすみずみに行き渡る。その先に見えてくるのは、潜在的な内戦状態ということになるだろう。

基地を実験する

この状況を前提にしたラディカルな展覧会が台北で開かれていた。映像と軍事技術の関係を前面に出したこの展覧会の作品をいくつか紹介して、この章を閉じることにしよう。台北の中心部、東京でいえば六本木ヒルズやミッドタウンのような都心の一等地に、広大な敷地の文化施設がある。ここで紹介するのは、「台湾当代文化実験場」、通称「文化実験場」と呼ばれているこの場所で開かれていた『再基地』という名の展覧会である。[8]

サブタイトルは「実験が態度になるとき」。キュレーターの王俊傑(Wang Jun-Jieh)は一九六九年にスイスのクンストハレ・ベルンのキュレーターだったハラルト・ゼーマンが企画した『態度が形になるとき　作品－概念－過程－状況－情報』展から50年になるのを記念し、また施設があらゆるジャンルの芸術の実験に対して開かれていることを示すために、このテーマを選んだ。作品の形態は様々だが、特にここで紹介する映像インスタレーションは、開催される場所と深い関係のある内容となっている。

近年機材の高画質化と低価格化が進んだせいもあり、内容を問わずドローンを使用した映像作品は増加の一途にある。呉其育（Wu Chi-Yu）の作品もドローン撮影を基本にしているが、一般的な撮影と違う点は、ドローン映像をふたつの部屋に別々に投影し、左目と右目で別々のスクリーンを眺めるという、擬似的な立体視の構造をとっていることである。タイトルの《アジアエアー》（亞洲大氣）は航空会社の名前をもじっているのだが、空には「領空」をはじめ飛行できない空域があるように、ドローンにもいくつもの見えない規制があることを示している。では何千キロも飛行してくる無人攻撃機を規制するのは何か、という問いが自然に出てくるわけである。[9]

陳志建（Chen Chih-Chien）の作品《空域》はさらに直接的に軍事的な映像を扱っている。入口でタブレット端末とヘッドホンを渡されて部屋に入ると、床が見る見るうちに白煙で覆われて、まるで雲のうえを歩いている状態になる。タブレットを手に持つと部屋の映像が現れて、それを見ながらゆっくりと歩いていると、突然画面に巨大な国旗が出現し、ヘッドホンから中華民国国歌が聞こえてくる。観客は政府主催の軍事パレードの現場にいるのだ。

《空域》は、いわゆる拡張現実（ＡＲ）技術を使った作品で、現実の部屋の映像にＣＧの画像が重ねられ、それが身体の動きに同期するのである。観客は部屋を歩きながら、カメラの位置を前後左右に向けながら、現実の光景とCG画像を好きな角度で鑑賞することができる。はためく国旗を見上げていると、向こう側から黒い物体がいくつも爆音を立てながら部屋に入ってくる。トンボほどの大きさの、攻撃型ヘリコプターの編隊が次々に部屋のなかに入ってきて、観客の周りを飛び始める。昆虫型のドローンはこのくらいの大きさなのかなと思い出したり、耳の横をかすめるように飛んでゆくジェット戦闘機の飛行機雲に驚いたりしながら、わたしたちは雲の上を歩き回る。そしてヘリコプターの編隊飛行を避けるようにしながら、第二室に入る。

第二室の床もまたたくまに雲に覆われて、iPad画面を部屋の中央に向けていると、金属製の破片が次々に空中に出現する。大きさの異なる金属ゴミが、魚群のようにゆっくりと旋回している様子を、周囲を歩きながら観察していると、とつぜん破片が組み合わさり合体ロボのようにして、巨大な戦闘機が出現する。これには誰もが驚かされるのだが、巨大な機体が音を立てながら、部屋の中央に浮いている状態になるのである。

この戦闘機は誰の目にもひと目で分かる、ステルス戦闘機F35である。日本が巨額の防衛費を使って購入したこの戦闘機は、台湾軍も導入を求めている。中国の弾道ミサイル攻撃で滑走路が破壊される可能性を口実に、短距離離陸垂直着陸型のF35の導入を、軍も蔡英文総統も求めていることが、連日のようにテレビのニュースで流されており、そのことが少なくとも台湾の観客にとっては、「拡張現実感」をさらにリアルなものにしているようだ。

だがそれだけでは、出来の良いゲームとそれほど変わらないのではないかという意見もあるだろ

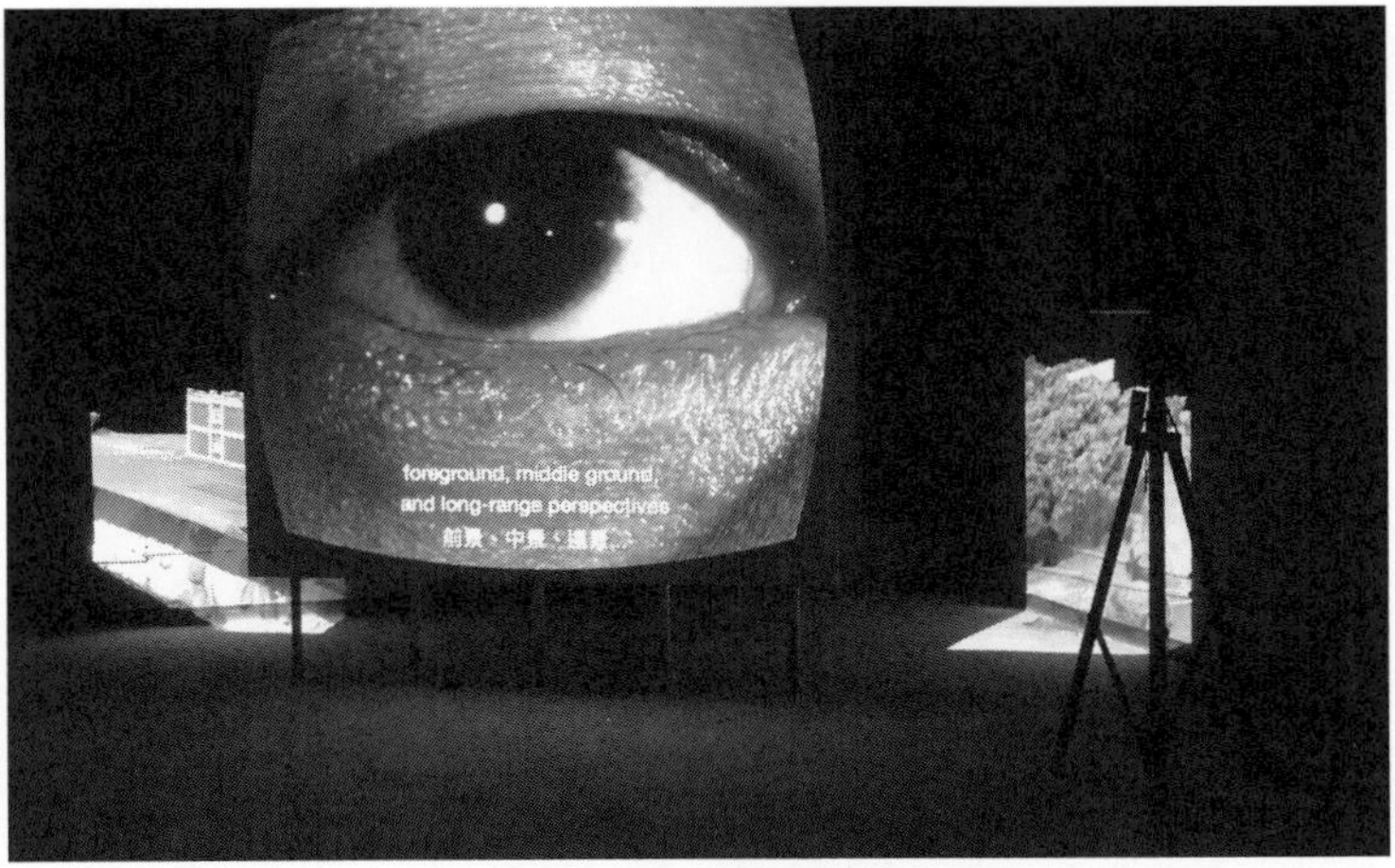

『再基地』展（C-LAB 2019）より
［上］人間の眼差しとドローンのカメラを対比する《アジアエアー》
［下］旧空軍総司令部の部屋のなかに拡張現実技術を使って戦闘機を現出させる《空域》

う。この作品も含め展覧会全体がきわめてラディカルだと思うのは、作品が設置されている場所との関係にある。なぜなら、そこは日本植民地時代の台湾総督府がさまざまな技術を研究していた「工業研究所」だったところで、第二次大戦後は台湾国防部の空軍総司令部が置かれていたところなのである。ヘリコプターの編隊やF35の機体が出現したのは、まさに総司令部執務室である。《アジアエアー》や《空域》というタイトルは、したがって軍事的な意味を帯びている。たとえば展示室に使われた部屋には、空軍時代に使われていた作戦用の東アジアの地図が残されている。場所の歴史性、軍事空間のメディア性、そしてそれに接続されているわたしたちの知覚を同時に問うような、スリリングな企画だった。

わたしは思った。もし沖縄をはじめ日本の米軍基地が返還されたとき、似たような空間を文化的実験室として使うことが日本では可能になるだろうか。もしそうなったとして、このようなダイレクトな表現は可能だろうか。

わたしはまた、これらの作家たちから直接話を聞きながら、作品の形態や意図とは別に、空は自由であるべきだという強い確信を感じた。それは台湾と日本も含めた東アジアの緊張があるためではない。想像力にとって空は自由でなければならない。それが、空軍総司令部があったその場所を「再基地」化するという逆説的なタイトルに込められた思いだろう。言うまでもなくそれは、想像力のための再基地化であり、実験のための場所化である。

それは説明するよりも、《空域》の拡張現実画面を眺めているだけで、十分に理解できた。エンジンが火を噴き始めたF35の周りに、小鳥が舞い降りて、機体の周囲を飛び始める。それは戦闘機でも武器でもないただの物質だと言わんばかりに、鳥は自由に飛び回る。見とれていると、いつの間にか機体が徐々に縮んでいって、小鳥が機体の上にちょこんと止まる。戦闘機はみるみる小さくなってゆく。その縮減は止まらず、やがて鳥よりも小さくなって、おもちゃの飛行機のように見えてくる。さらに小さくなって鳥すらも支えられなくなり、蒸発するようにして雲の中に消滅してしまうのである。

残された鳥は、湧き上がる雲のなかを一周りしたかと思うと、窓から入ってくる午後の光線に導かれるようにして、台北の空へむけて飛び去っていった。

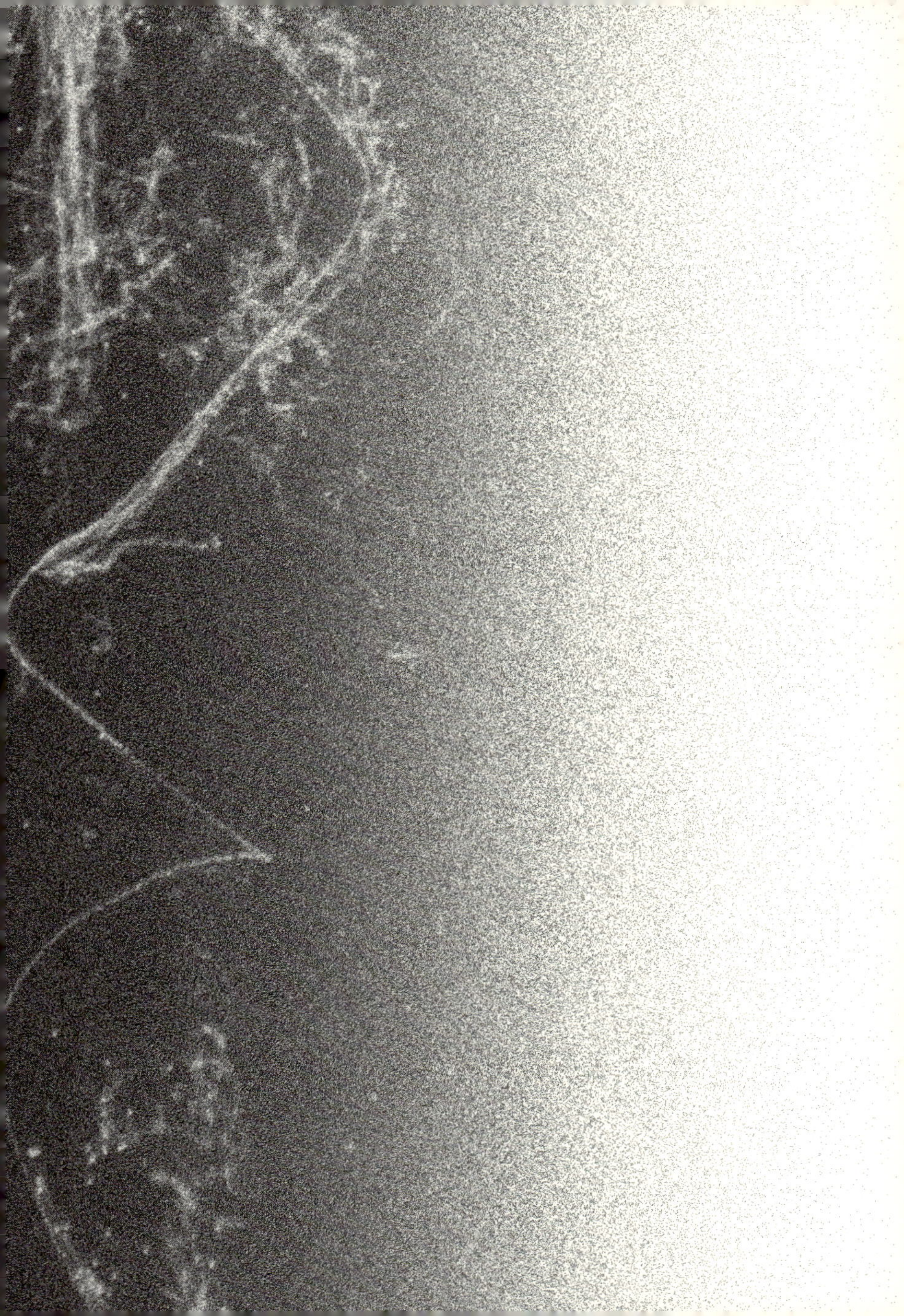

05

記憶の身体

モノを正しく見るためには、適正な距離を見つけなければならない。美術がわたしたちに教えるのは、対象の見え方と距離との関係である。対象と視点を結ぶ線は、無数に存在する。そのなかのどれを選び、どこから描いてゆくかを試行錯誤によって学んでゆく。対象が風景でも、肖像でもそのプロセスは共通する。

いっぽう歴史は、その適正な距離は時代によって変わるということを教えている。二〇世紀がどのような時代として記憶されるのか、わたしたちはまだ知らない。過去としてあまりに近すぎるというよりも、適正な距離を見つけるためには、まだ多くの課題が山積みになっているからである。東アジアに限っても、まだ相当の時間がかかるはずである。この章で扱う沖縄をめぐる作品は、以上のような記憶と距離の問題を先鋭的にとらえてきた。

上空からの眺め

写真にとって適正な距離とは、古くて新しい課題であり方法である。レンズの機能は、近すぎるものを遠ざけて、あるいは遠くのものを近づけて、よりよく見ることができるようにすることだ。写真術の発明にはじまる映像表現は、顕微鏡や望遠鏡によってもたらされた観察の技術を駆動力にしながら、人間にとって見える世界を拡張してきた。その過程で人間は実に多くの物事を発見してきたが、二〇世紀とは、ある意味で世界を拡張しながら、同時にその世界の限界も発見した時代であったと言えるかもしれない。映像を人間の経験として見た場合、その拡張機能がもたらした認識上の変化をいくつか考えてみたい。

前章で扱ったハワード・ヒューズの論考からも明らかなように、一九世紀に発明された写真と映画が、その影響力を飛躍的に拡大したひとつの節目は、第一次世界大戦だった。日本ではすでに日露戦争時に夥しい量の記録写真が撮られ、戦争報道におけるイメージの役割を変えていったが、第一次大戦がもたらしたイメージは、それまでの映像とはまったく異なる性質のものだった。主に趣味や娯楽として市民の日常生活の範囲にあった映像とは、比較にならないスケールの経験をもたらしたのが、偵察機や爆撃機から撮影された地上の映像である。戦闘員も非戦闘員も、第一次大戦においてはじめて、空撮によって地上を知ること、直下の視線によって生きている空間を見ることに親しんだのである。

上空からの写真は、一九世紀にすでに気球に乗ってパリを撮影したナダールが有名であるが、イメージとしては違いがある。ナダールが上空から見たパリは、まだ奥行きのある3次元の立体物だったが、偵察機から撮影された地上の風景は、おしなべて立体感のない、家も教会も森もすべてが等価な記号として定着された「図」だったのである。

イメージとしては、衝撃的なものではない。一過性の視覚的ショックとは、たとえばハリウッドの大作映画が公開されるたびに、最新の特殊撮影に驚かされるようなものである。それに比べれば、航空機から撮られた地上の風景は、何も訴えかけるものがないように見える。奥行きのない、壁の染みのような貧しいイメージである。航空写真より衝撃的で魅力のあるイメージはいくつもあったし、それらのほうが人々の記憶に残っただろう。実際に航空写真を大切に保管していたのは、どの国でも軍部であり、そこに美学的な価値を認める人間などいなかっただろう。

しかしイメージには、少しずつ人々の知覚に浸透する性質がある。航空機から撮影されたイメージは一目で圧倒されるような種類のものではないし、大々的に喧伝されるわけではない。しかしそのイメージを見た人間が増えてゆくにしたがって、何かが起きる。最終的には社会的な記憶の深部に堆積しながら、世界観に影響を及ぼすのである。

眺望と記憶

この時代にはすでに、写真や映画が人間の記憶にとって欠くことのできない役割を果たしていた。写真が大衆化しておよそ半世紀の後、一九世紀から二〇世紀への変わり目にはすでに、それは人々が何かを思い出すときに役立ち、あるいは誰かの思い出を保持しておくために必要になっていた。いまでは写真が存在していない世界がどんなものであるか、想像することも難しい。プルーストが書いた次のような言葉を読むと、人間がいかに早く写真というイメージの虜になっていたかが分かる。

写真とは「人間における持続するもののスナップショットです」[1]。（『プルースト／写真』、147頁）

プルーストの『失われた時を求めて』は全編にわたり、写真的な記憶のモチーフが出てくるが、この作品を深く読み込んだ写真家ブラッサイは、プルーストがその生活において写真に深く魅了されていただけでなく、その思考や叙述のスタイルにも、写真あるいは映像のメカニズムが深く影響していると指摘している。おそらくプルーストだけではないだろう。一九二〇年代から三〇年代にかけて、文学者や思想家が、写真や映画が人間の記憶にとって重要な役割をもっていることに気づいていた。なかでももっとも透徹した思考を展開したのがヴァルター・ベンヤミンだった。あたかもプルーストの言葉に応えるかのように、ベンヤミンは写真という技術の裏にある心理の問題を深く追究したのだった。

その背景には、社会の記憶を伝えて、過去とのつながりを確認するための手段として、映像が中心的な役割を担うにいたったという事態があるだろう。これもまた、一朝一夕にしてそうなったのではなく、ある遅延性をもちながら、徐々に社会の深部から変わっていったのである。他の社会では、かろうじて社会集団の記憶を歴史として認識するための、複数の装置が機能しているが、西欧においては驚くべき信頼性をもって、あらゆる映像装置がその役割を代替した。歴史家のカルロ・ギンズブルグは『ピノッキオの眼』で、過去との距離についての省察を次のように展開した。[2]

いかなる文化の中でも、儀礼、儀式、あるいはそうした出来事で伝達される集団の記憶は、過去とのつながりを強化するものであり、それと私たちを隔てる距離について、明白な省察を含むわけではない。しかし普通私たちは、こうした過去との距離についての省察を歴史の出現に結びつけている。歴史とは、とりわけ記憶に値する出来事の情報を、記録し保存する目的を持つ文学上のジャンルである。「歴史」がギリシア語で探求《イストリア》を語源としているのは偶然ではない。

（『ピノッキオの眼』、284頁）

多くの場合において、写真は当初、儀礼のなかにその場所をみつけ、儀礼の一部として機能してきた。今日でも卒業式、結婚式、葬式といった「節目」において写真の撮影は欠くべからざるものになっているわけであるが、二〇世紀の歴史は、歴史そのものが写真によって記録され保存されるにいたるほど、質的にも量的にも膨大なイメージを生み出しながら、一九世紀的な歴史学とはまったく異なる種類の、「探求」を行なってきているのである。

この異なる種類の探究とは、「過去との距離」の概念を根底から変えてしまった映像である。プルーストがほとんど直観的に理解しているように、写真に撮られた人物は、時間を超えて現前する何ものかである。一方、持続する何かが物質化され、いきなり「現在」という時間の流れのなかに突入してくるのが映像である。「過去との距離」は絶対的なものではなく、その映像を見る人間の知覚や感情と切り離すことはできない。

また映像は過去についてだけでなく、未来についても距離の概念を変えてしまう。正確には映像というよりは、それを含む科学技術全般と言ったほうがよいだろう。人間にとっての現実を拡張してきた科学技術は、二〇世紀にいたって未来をふたつの相反する時間に引き裂いてしまったからである。ひとつは科学技術によって、より進歩するユートピア思想に代表されるような未来。もうひとつは、同じ技術がマイナスに働き、未曾有のカタストロフをもたらしてしまうという、ネガティヴな未来である。二〇世紀はこの相反する未来を同時に生きた時代であり、特に原子爆弾や環境破壊といった破局の大きさを前にして、はじめて人類が「絶滅」を想定しなければならなくなった時代でもある。

以上のような三つの問題点を考える際に、わたしたちはどのようなイメージを想起するだろうか。ここでは日本人の作家として、この問題に向き合ってきた写真家、東松照明を取り上げてみたい。三つの問題点――空からの眺望、記憶と歴史、相貌の未来という、二〇世紀映像の特徴を含むものとして、わたしは東松による長崎の写真を思い浮かべる。

たとえば原爆投下によって止まった時計。それがわたしたちにつきつけるのは、この針が示す時間とどのようにして距離をとるかという難問である。そしてその距離を考え抜かない限り、そのような努力をしなければ、軍事力の脅威といつまでたっても向き合うことができないであろうという教えである。それは被爆した瞬間に蒸発した人間の、壁に残った「影」と呼応する。それは明日のわたしたちの影かもしれないのだ。映像とは影像とも書くということを、忘れないでおきたい。

国民の皮膚

『東松照明――国民の皮膚』と題された個展がニューヨークを皮切りにアメリカを巡回したのは、イラク戦争が終結宣言にもかかわらず、出口の見えない泥沼状況に入った二〇〇四年である。ニューヨーク展の会場はジャパン・ソサエティだったが、それはわたしが見たことのある東松照明の展覧会のなかで、最高のものであった。一九五〇年代から二〇〇三年までを含む作品はセレクションも会場のデザインもよく練られ、最初から最後まで隙のない高度な構成であった。それは観客ひとりひとりを、日本とアメリカの過去・現在そして未来についての思索へと誘う展覧会だった。[3]

作品は「戦後」から始まり、「以前」「アメリカ人」「原爆」「アメリカニゼーション」「南」「ポスト戦後」「国民の皮膚」と題された8パートからなっていた。「アメリカ人」と「アメリカニゼーション」を中央に据えることにより、写真をとおして「アメリカ」を照射するような構成である。「戦後」と「ポスト戦後」によって全体をブックエンドのように挟み、タイトルとなる「国民の皮膚」はエピローグである。また「アメリカ人」と「南」はともに沖縄を主な舞台としている。

二重の対に囲まれて、写真家の名を世界的にした「原爆」と「安保」の写真群が核として置かれている。歩いてゆくうちに、ひとつの章が他の章を喚起する。ひとつの写真が、すでに通り過ぎた他の写真を記憶から引き出してくるような経験が生まれる。会場はひと続きで見るように設定されているので、イメージによる一冊の書物を読むような経験と言ってもいいかもしれない。

個人的に印象を受けたのは、「戦後」と「以前」と題された最初のパートで、ここにはあまり見たことのなかった初期のプリントが展示されていた。子どもに手を引かれて歩く盲目の傷痍軍人には《名古屋　1951年》の日付、空爆の跡と思われる天井の穴を見上げた写真には《豊川　1959年》の日付である。いずれも一九三〇年名古屋に生まれた芸術家の出発点となった「原光景」であるが、この時点ですでにテーマだけでなく、スタイルも出てきている。

いっぽうには厳密な記録性がある。それは傷痍軍人の周りにひろがる戦後まもない野原の光景である。物干し竿にかかる洗濯物、乳母車、三輪車、丼物を片手に自転車に乗った出前の男、その横に見えるニワトリ……雑多な要素を過不足ない構成のもとに統合しているのは、子どもの頭と同じくらいの低い視線である。目を凝らせば白い杖をついている男の背後に小さく写っているもうひとりの子ども。写真家の視線が出会うのは、この子の視線であり、その線を強調するようにして、電信柱と物干しの柱が遠近法を形作る。

もっとも初期のこの一枚のなかに、過去から未来へと結ぶ強い線のようなものが屹然と刻まれている。世界へ向けられた瑞々しい好奇心とともに、すべての細部が物語を予感させる。展覧会の企画者たちが、この写真を展覧会の最初の一枚にもってきた理由は、このあたりにあるのかもしれない。

もういっぽうには、形態への純粋な眼差しがある。画面に大きく空いた穴の周囲には、破壊されたコンクリートからぶらさがる鉄筋や電線が突き出している。それらが白い穴のうえに線を描く。《娼婦　1958年》では、タバコの煙を鼻から噴出し、こちらを睨んでいる女の顔もすごいのだが、彼女が着ている着物の柄——点と線の連続が不思議なリズムを作り出し、シュルレアリスムを彷彿とさせる。

以上のような記録にたいする厳密な視線と、形態への純粋な眼差しが両輪となり、両者の稀有なバランスのうえに成立するのが、六〇年代以降爆発的に開花する写真家の独自のスタイルであるとするならば、それを習作も含めた最初期の作品群に認めたのが、この写真展のひとつの成果であった。

複数のオキナワ

同時に出版されたカタログには、企画者のひとりであるレオ・ルービンファインによる解説と、同じサンフランシスコ現代美術館のサンドラ・フィリップスによる、日本の戦後写真史にかんする周到な論文が掲載され、また『敗北を抱きしめて』のジョン・ダワーが読み応えのあるテキストを寄せていた。そのなかでダワーは、戦後文学を代表するふたりとして川端康成と大江健三郎を挙げ、ふたりのノーベル賞受賞者が同時代に活躍しながらも、まったく異なる日本を描いたことに注意を喚起している。もとより展覧会の観客としてアメリカ人を想定して書かれてはいるが、理解の土台としては当を得ている。

前者による美しい日本と後者による不安な日本は、ある意味で「アンビバレントな日本」のイメージを規定しているからである。これらの文学のあいだに置いてみたとき、東松照明の芸術が川端の日本よりも大江の日本に近いことは明らかである。「沖縄に行くのではなく日本に帰るのであり、東京に帰るのではなくアメリカに行くのである」という《太陽の鉛筆》にある有名なフレーズを引用しながら、ダワーは写真家と小説家の結節点として、ヒロシマやナガサキだけでなく、オキナワがあることを正確に指摘しているのである。

東松照明による長崎の被爆者の写真は、世界的に知られている。会場ではやはり、「原爆」と題されたパートに、多くの人が時間を費やしていたように思う。しかし写真点数上から見ると、長崎より沖縄のほうが多く、しかもそれが複数のパートにわたって繰り返し出てくることの意味を、アメリカの観客は理解しただろうか。

その土地の名が第二次大戦最後の戦場であることはアメリカ人にとってもおそらく常識の範疇に属す事柄だろうが、そこにいまも厳然と米軍基地があることを知っているアメリカ人はどれくらいいるだろう。さらにそこからアフガニスタンやイラクへ派兵されていることは、どうだろうか。アンケートをとってみれば、愕然とするような数字が出てくるかもしれない。その意味で、「ポスト戦後」のパートに、ふたつのオキナワを持ってきている点は注目される。

ひとつは言うまでもなく代表作《太陽の鉛筆》であり、もうひとつは《チューインガムとチョコレート》である。そこでは「戦後の後」になっても米軍基地が存在し続けていることが記されている。写真家がモノクロからカラーへと移行すると同時に、アメリカでも日本でもない彼方へと向かう視線が辿られるのである。オキナワが単なる地名でなく、ひとりの芸術家にとって特異点とも言うべき歴史的にも文化的にも最重要なポイントのひとつとなっていることを、アメリカの観客はどう受け止めるだろうか。

Skin of the Nation という魅力的なタイトルに、どのような皮膚を想いうかべるかは、その人がネイションという言葉をどう考えているかによって左右されるだろう。ルービンファインは、写真家の芸術を「不確定なものとの格闘」に見出し、その格闘から面白さや美が生まれ出てくると書いている。「日本国民の皮膚」を表しているのは、長崎の被爆者のケロイドやサクラの花びらといった、明白な対象性ではない。むしろ得体の知れない形態を見つめる「努力」からしか、見えてこない現実があるという認識であろう。

一通り会場を見てから、今度は出口から入口へ向けて逆方向に辿りながら、わたしはこのタイトルによって企画者たちが意図したのとは違う印象を抱き始めた。それは「日本の皮膚」ではなく、「アメリカの皮膚」ではないかという気がしたからである。米軍基地とその周辺に広がる日常は、あたかも「基地帝国」の片鱗のように見える。「アメリカニゼーション」も、確かに現代日本の日常には違いないが、それは同時にアメリカのいちばん外側にある皮膚ではないか。アメリカは、そこではじめて自身の身体が合衆国以外でどのように見えるのかを体験するのではないか。もしかするとアメリカ国民の未来を占うための手相や顔相も、そこに見えるのではないだろうか。

皮膚とは「いちばん深いところにあるもの」（ヴァレリー）である。日本の皮膚となったアメリカの皮膚は、そこで「どの国民か」という問いを超えて、現在を生きるわたしたちにとって、避けることのできない痛覚を呼びさますのである。

ゴーヤーの色

東松照明は一九七〇年代に沖縄で写真を撮りながら、いくつかのワークショップを通じて、その後の沖縄写真を担う一群の写真家を育てた。そのひとりが30年後にまとめた写真集がある。『赤いゴーヤー』というタイトルの異色作である。[4]

一九七二年一〇月一三日午前九時四〇分、ひとりの青年が部室を出て、国道を南から北へ向かう。彼は大学の写真部に属している。助手席に乗り込んだ彼はカメラを取り出し、走り出した車の窓から、流れ去る風景にむかってシャッターを切る。「黒い犬、道端の老人、馬にまたがる外国人、SR7、小便する子供、昼休みの中学生、バスストップ、看板……」。まだ写真家とは呼ばれない彼は、砂埃をとおして飛び込んでくる「すべてがあたり前の風景」に向かってシャッターを切り続けながら、沖縄を見つめる。それは沖縄に生まれた若者が、沖縄を再発見する過程であるかもしれない。いずれにしても、このとき青年比嘉豊光は、写真家比嘉豊光へ向かって走り出したのだった。

最初の作品——芸術家にとって最初の作品は、後に展開する活動への助走であり、独自の方法論を獲得するための模索であり、そして未だ来たらぬ風景を幻視する冒険である。ただし写真家にとっての最初の作品は、小説家のそれとは少し違うものだろう。写真家は、光を鉛筆にして人生を描いてゆく。小説家が原稿用紙のマス目を埋めるように、一コマ一コマに世界の姿を刻んでゆくのだが、小説家と違って、写真家には消しゴムがない。彼は書き直すことができないので、「あたり前の風景」が、無造作にレンズのなかに飛び込んできても、それを受け容れるしかない。わたしたちは普段、路上の「あたり前の風景」に特別な価値を認めたりはしないのだが、レンズはそれらを吸い取り紙のように吸い取ってゆく。感光物質に吸い取られたオキナワを、わたしたちは読んでゆく。読み方はいくらでもあるが、たとえば次のような単語の羅列も可能になる。

カネナカ靴店　冷たいミリンダ！　上原康助　チウインガム　国吉商店　ちり箱　銀バス
セブンッーセブン化粧品　ボール一箱20¢　貸しクラブ5¢

おそらくこうした日常的記号の群れを当時、記憶に留めようとした者は、ほとんどいなかったに違いない。撮影者自身も、そうだったかもしれない。もし彼がこれらの風景を30年後に一冊の書物として、わたしたちの手に届けようとしなかったら、当然のことではあるが、わたしが見ることもなかった。カメラを窓の外へ向ける青年は、30年後のことを考えてシャッターを切ったりはしないものだ。記録された風景は、しかし、このようにして30年間を生き延びて、その時代には誰も見出すことのなかった意味を獲得することがある。人間と同じように変容しながら、「今」を生きる――それを「写真の社会的人生」と呼んでもいいだろう。写真集『赤いゴーヤー』が特別な意味をもつのは、その「社会的人生」の時期が沖縄の日本への「復帰」という激動にぴったり重なっているところにあるだろう。

移動体の風景

収められている写真の大半が、助手席や路線バスの客席から撮られていることから、写真集の解説ではノーファインダーによる撮影の無作為性や匿名性が強調されている。確かに一見すると、「構図もピントも放り出し、シャッターを無作為に押した、ブレ、ボケの写真」のように見える。またテキストを寄せている仲里効は、ノーファインダーを「匿名性の思想」と指摘しながら、「撮る対象は特定されず、撮る主体も被写体に対して受動的」であると書いている。

知念高校前　紳士をつくる店　OKINAWA TRAVEL AGENCY
ARMED FORCES　AC238　Johnnie Walker　CUSTOM TAILORS

ひとつの見開きが、左から右へと流れ去る車窓の風景のように眼に飛び込んでくる。しかし「ノーファインダー」というのは、それ自体がひとつの方法論であり、やみくもにシャッターを押すことではない。写真を見れば誰もが気づくように、撮られている風景の多数は車の右側の風景である。それは彼が左ハンドルの車の助手席にいるというだけでなく、そもそも当時の沖縄がアメリカという、右側通行の国だったことを示している。したがって、写真のなかの主要な人物や対象は、画面の左側に位置していることが多い。左から右へと流れる風景のなかで、何かが視野に飛び込んだときにシャッターを切れば、そうなるのが自然である。

走る車からの撮影は、選択の自由のない、非常に限定されたものではないかと思われるかもしれないが、一概にそうとは言えない。写真の歴史には走行中の車から撮影された名作が存在している。たとえばロバート・フランクが「バス・フォトグラフ」と呼んだのは、ニューヨークを走行する路線バスの窓から撮影された街路の光景である。歩行を基本にしたスナップショットを表現のベースにしていたフランクは、あえて自律的な動きが制限されるバスからの眺めをとおして、それまでとらえられなかったニューヨーク市民の様子をフィルムに定着したのである。

またこのフランクの作品へのオマージュとして撮られたのが、天才アラーキーの《クルマド・トーキョー》である。これはバスではなく、走行中の自動車の助手席から撮られた東京の風景である。やはり歩行をベースにして東京を活写してきた荒木経惟は、あえて助手席に座ったままの、拘束された眼差しによって見えてくる東京を記録した。これらの間には、たとえばゲリー・ウィノグランドの晩年の写真のように、車から見えるロサンゼルスを繰り返し撮影した行為も忘れられない。映画でもたとえば、「ロードムービー」というジャンルを通して、さまざまな実験が行なわれた。

SARANI 座間味文具店　7月17日月曜日　8・15沖縄反戦集会　日用雑貨　喜屋武商店　ズケラン地区支部　弾薬　運転　全基地封鎖　スト貫徹　牧青　全軍労　STA　175　CAMP HARDY

そうした「移動する眼」の系譜のなかに置いてみると、比嘉豊光の写真は、一見して流れゆく景色に対して無作為にシャッターを切っているように見えながら、茫然とした眼で撮られているわけではないことがわかる。無作為でありながら、非常に正確な眼によって、沖縄が「抽出」されていると見たほうがよい。

たとえば「バックナー記念碑近く」の写真は、明らかに高度な動体視力と対象への集中を必要とする。おそらく250分の1秒の刹那に過ぎないが、そこで捉えられた男の白いシャツ、傘、パナマ帽、そして遠くを見る彼の仕草と表情、そして彼が背にしている「歴史」の刻みは、わたしから永遠に離れようとしない。この刹那のなかにはイメージの豊饒としか言いようのない、はてしない広がりがある。その地平を見るのは眼ではなく、心である。

そうして撮られた膨大な量のプリントのなかから、注意深く選択されて編まれるのが「写真集」という形式である。無作為にページをめくって漫然と見ればよいかといえば、そうではなく、むしろ反対に一枚一枚を丹念に見なければ、重要なことを見逃してしまうことにもなるだろう。移動する車からしか見えない風景がある。

移動する車からの風景の合間に、基地闘争の生々しい現場写真が挿入される。そこから、別のドラマが流れ出す。写真とは、それがどのような形式をとる場合でも、本質的に「選択の芸術」である。写真のなかに何を見て、何を読みとるかという問題は、写真家や編集者からそれらを手渡された読者にも引き継がれ、それらの写真と向き合っている間も、さらに表紙を閉じた後にも持続する。

我らも抑圧者　アペール　強力チオクタンW　沖縄処分抗議佐藤内閣打倒　5・15県民総決起大会

自衛隊配備反対　軍用地契約拒否　基地撤去　安保廃棄　十文字屋呉服店　黎明之塔

そしてわたしたちは30年前の過去から届けられた写真を通して、写真家を形作っているのが、こうした「あたり前の風景」であるとともに、それが「あたり前の風景」であるかのように、米軍基地が今もあり、そのために日本とアメリカの政治が続いていることを知る。

このような作品を前にすると、視覚が受動的な作用ではないことを強く感じるだろう。それは能動的に選択的に見ることである。その初期的な段階にすら選択があることを考えれば、ある風景を注視することは高度な選択のプロセスである。プロセスのひとつの端が感覚にあるならば、他方の端は判断にあるだろう。それは現在の沖縄を見ることにも通じているはずであり、わたしたちは常に、感覚と判断の両方から沖縄の風景を見なければならない。今この瞬間に、どのような「選択」が可能だろうか。

人間の人生とは別に、写真にもそれなりの社会的人生がある。比嘉豊光は写真を選びながら、現実の社会に対してそう問いかけている。ここに記録されている数々の言葉は、探究としてのイストリアであり、問いのかたちだろう。

百年音頭　奉納舞踊　沖縄全戦没者追悼式　新聞受

そうしたことを思い起こさせる「赤いゴーヤー」を、わたしは未だに食したことがない。しかしこれらの風景を吸い取って熟してきたのは、もしかするとゴーヤーの眼ではなく、ゴーヤーの心ではないかなと思う。ページを閉じて想像するゴーヤーの心は、イメージの豊饒を届ける歓びと、その時を待ちつづける間合いを知っている。やがて来たるべき他者を歓待する心である。

高嶺剛の島へ

同じ意味で、作品は過去と現在では違った見えかたをするものである。映画にも見るたびに新たなシーンを見つけるような作品があり、個人的にはそういう作品を何度も見る。高嶺剛の『変魚路』もそのような経験をもたらす作品になるのではないかと思う。ただし見るたびに発見するということは、見たはずなのに覚えていないということでもある。見たのに覚えていない。全体は覚えていても、細部の記憶が飛んでいる。その逆もありうる。こうした部分的な記憶喪失現象を起こす作品は不思議なことに、物語のどこかで記憶が問題となっている。『変魚路』の場合は筋だけでなく、ひとつの画面が「記憶の絵」でもある。それはピーター・ブリューゲルの絵とも似ていて、描きこまれた細部が重要になるから、大きなスクリーンで見なければわからないだろう。

　どこか遥かな土地に連れてゆかれるような、すこし不安で、初めてなのにどこか懐かしさも感じる体験――これはまぎれもなく沖縄でありながら、どんな沖縄映画とも異なる土地への旅である。緩急自在のリズム感、マクロとミクロが交差するめくるめくパースペクティヴは高嶺映画の真骨頂である。もちろんここで言う「懐かしさ」は、かつて映画で描かれた島への懐かしさとは違う。今はもうなくなってしまった建物から見えた景色や、消えかかったフィルムに写っていた顔がもっているような、そこはかとない寂寥感であるが、それが懐古調ではなく、むしろ新しい映画の方法論として、一足先の未来から届けられるのである。

時代はいつなのかは分からないが、かつて「島プシュー」と呼ばれる出来事があった。それはおそらく、喪失感だけを残して煙のようになくなってしまったいくつもの悲劇で、いま村の人々は自殺願望を抱えて生きながらえている。物語は厭世観からの「生き直し」を請け負う「水中爆発映画機械場」で働くタルガニ（平良進）と呼ばれる男と、これと関係した「写真整形所」の班長だというパパジョー（北村三郎）の二人による、一種のロードムービーとして展開する。

二人が平和に暮らしていたパタイ村を去らなければならなくなったのは、禁制品の媚薬「トットロー」を盗んだという嫌疑をかけられたからだが、どうもこの薬を扱っているのが島袋精徳という商売人らしい。彼には「ビビジュー」という名の妻が三人おり、この妖精のような女たちが村を出たタルガニとパパジョーの跡を追う。だが彼らにかけられた嫌疑がどの程度深刻なものなのかは分からない。「たいした理由もなく」と語られる通り、物語は追跡劇というよりは、謎めいたキャラクターが行き交う夢幻劇の様相を呈してゆく。

鍵となるのは「島プシュー」という謎めいた言葉になるだろう。プシューと、空気が抜けるようにして失われた時。気が抜けた後の喪失感。この映画は、その記憶喪失状態からなんとか「生き直し」

を図ろうとする人々の物語なのである。

写真整形所にて

生き直しのためのテクノロジーは、タルガニが働く「水中爆発映画機械場」と班長パパジョーがいる「写真整形所」にあるようだ。

どちらも摩訶不思議な発明で、実際のところどうなっているのかはよく分からないのだが、起死回生のために「映画」と「写真」が役に立っていることだけは確かなようだ。映画館と写真暗室を合わせたような場所。映像史的に言えば、それは新しい何かを作り出すというよりは、すでにある何かの修復の技術が試されている場所である。ありあわせの技術で生きるために修復を請け負う、つつましい営みである。禁制品の媚薬を盗んだと嫌疑をかけられたということだが、この媚薬が実際にどのような効果をもたらすのかもよく分からない。少なくともそれはプシュー状態から回復するようなものではないし、「トットロー」という語感からも、とても生きる気力を取り戻すような薬効は想像できない。

しかも島袋精徳なる怪しげな商売人があやつる「ビビジュー」たちは、人の知覚を混乱させる妖精で、ひとたび路地で出会おうものなら、現実から遊離すること必定である。こうしてわたしたちは濡れているのに炎をあげてメラメラと燃えるビビジュー、人間とも動物ともつかないスーミー淫虫といった謎の登場人物らとともに、二人が彷徨《さまよ》う寂しくも懐かしい路地の風景へと吸い込まれてゆく。それは沖縄の路地に出現する神話的記憶であり、論理を超えた感覚的イメージの風景である。高嶺剛の世界に登場する人物は、こうして現実世界と同時に神話的な世界にも属している。ふたつ（あるいはふたつ以上）の世界を往復しながら、めくるめく物語が展開するのは、途中で挿入される歌や劇中劇の仕掛けの効果もあるが、今回はそれが「連鎖劇」という方法によって見事な構成となっている。

連鎖劇は初期の映画に見られた興行で、映画を上映しながら役者が舞台で演じたり歌ったりする形式により、大正期には沖縄でもさかんに行なわれた。なかには本土で撮影された映画フィルムを上映し、同じストーリーを島の言葉で上演することもあったようで、フィルムに無い部分を補うだけでなく、映画と演劇をうまく組み合わせたハイブリッド表現としても興味深いものがある。

『変魚路』はタルガニとパパジョーが旅に出たのち、連鎖劇で生計を立てながら島を巡るというふうで、物語のなかに沖縄映画の原初的な光景が畳み込まれている。ちなみにこの連鎖劇の弁士を務めるのは「ミサイラー」と呼ばれる、これまた怪しげな男だが、高嶺映画を見てきた人ならばひと目でそれが「かっちゃん」だとわかる。やはり高嶺映画の常連である大城美佐子の歌声も素晴らしく、ファンにとってはたまらない贅沢さが、この「連鎖」の正体でもあるようだ。

スタイルの斬新さと古代の物語にも通じる深みは、ジェイムズ・ジョイスの記念碑的大作『ユリシーズ』を思わせる。ジョイスが言葉によって可能にした、意識の重層的な描き方を、高嶺剛はイメージによって実現したとも言えるのではないか。タルガニとパパジョーが遭遇する出来事に、戦後沖縄のメタファーを読み取ることも難しくはないが、それよりも、わたしたちはイメージそれ自身がもつ生命力や、文学においてジョイスが試したような、さまざまな「遊び」の世界を取り戻すのである。

　高嶺剛が天才的な天衣無縫とも言えるような方法で、奇怪な造形物をはじめ唄や踊りを溶け合わさせ、そこに会話を絡ませることのすべては、どこにも確からしさがないのに、強烈にリアルな感覚を生む。仮設の世界でゆらりゆらりと生き続ける細部は、小さな発火装置として、わたしたちの五感と神経細胞を刺激するのである。そのために使われたフィルムとデジタルとの複合的な組み合わせや、魔術的な編集方法は、真に自由な芸術家のひらめきと迫真を感じさせる。『変魚路』によって映画は同時代の他の芸術に大きく先んじて、創造性の未知の航路を示したと言えるだろう。

　わたしはこのなんとも形容のしがたい『変魚路』の世界から現実に戻ったとき、そこにどのような風景が対応するだろうかと考えた。それは生活が営まれてはいるが、何らかの暴力によって宙ぶらりんの状態に置かれているような場所ということになるだろう。島プシューがそのままの状態で足の下に隠れていて、現実の風景にいつなんどき幕引きが行なわれるのか、不安でしかたがないような場所である。

　そこでわたしが思い当たったのは、たとえば駐留米軍施設内にある農耕地や海岸の風景である。農耕地の場合は「黙認耕作地」と呼ばれていて、土地は米軍のものだが、基地内への出入りがある程度可能なところで農業が営まれている。最初は土地を追い出された住民が、無許可で農業を始めたのが始まりと言われる。一九五九年には高等弁務官布令20号の「軍用地の一時使用許可」として、正式に米軍が認可した。現在でも伊江島、本島の読谷村《よみたんそん》や宜野座村などに多い。

もちろん基地内だから、米軍が使用許可を認めなければ、いつなんどき終わるともわからない。すでに接収された場所だから、追い出されるわけでもない。現実的には一時的許可を得たうえでの仮設の耕作地なのだが、「黙認」という言葉がそれをうまく表している。フェンスの内にあるグレーゾーンである。世界中にある米軍基地のなかに、どれくらいこうした「黙認」の土地があるのかはわからない。沖縄が例外的なのかもしれない。しかし、こうしたゾーンの存在は実際、基地帝国の日常を映す鏡とも言えるだろう。戦略上必要だから基地があるのではなく、基地帝国には基地が必要だから、黙認耕作地という不思議な状態が生まれるのである。

その存在が長引けば長引くほど、人はプシュー状態に陥ることだろう。そのプシュー状態からの脱却の鍵は、実は「連鎖劇」という映画の構造じたいにある。しかしタルガニとパパジョーによる連鎖劇が重要なのは、自分が演じている姿を自分で見るという構造にある。この構造のなかで過去に起きたことを再演すること、その再演を眺めながら修復と修正を重ねていると、何がなんだか分からなくても「生き直すことができる」という感覚が得られるのかもしれない。

他者の声

この夢幻的な構造は、見ていた過去の自分を見なおすという点でも興味深い。わたしたちは本書を「みることをみる」という特異な眼差しについての考察から開始したが、パパジョーの写真整形所にいちばん共感するのは、もしかするとアンドレ・ブルトンかもしれない。そこで問われているのは、おそらく「わたしとは誰か」だからである。そこで現像されるのは、もしかするとわたしたちの今なのかもしれない。

この『変魚路』に登場する不思議なオブジェの制作で参加しているのが、映像作家の山城知佳子である。初期作品「I Like Okinawa Sweet」(《オキナワTOURIST》より)は強烈な印象を与えた。米軍基地のフェンスの前でひたすらにアイスクリームを食べ続けるというパフォーマンス映像である。強い日差しのなか、食べても食べても突き出される特産のアイスクリームから、さまざまな想像を掻き立てられる。中毒性をもった「思いやり」でもあり、いつまでたっても舐められ続ける沖縄のようにも見える。同じように自らパフォーマンスをする《アーサ女》では、沖縄特有の海藻アーサに包まれて、潮の流れに浮いている。藻の化身である女性が浮くのは、米軍による新基地建設が強行されようとする、辺野古の海である。

こうした一連のパフォーマンス作品をつくってきた山城にとって、転機になったのが翌年制作された《あなたの声は私の喉を通った》だった。[6] これはサイパン島の玉砕を体験した高齢者の語りを録画し、その映像を自らの身体に投影して撮影した映像作品である。ひとりの顔のなかに、別の人の顔が現れるのは、不思議な感覚をもたらす。顔に仮面をつけるのとは訳がちがう。山城の顔に他者の顔が投影され、語りに合わせて口を動かすという、ある意味で明快なパフォーマンスなのだが、タイトルが表すとおり、ある極限的な体験をした人の声が、それに合わせて動かす自身の喉を通って響いてくるように見える。《あなたの声は私の喉を通った》は、独創的な方法による体験の再現であるとともに、「語り継ぐこと」とはいったいどういうことなのかを考えさせる。
あるインタビューで、作家は最初に玉砕に巻き込まれた男性をインタビューしたときのショックを語っている。それは男性の凄惨な体験への衝撃だが、それを同時にビデオで記録しながら、なぜかその言葉に共感できない自分自身に対する思いでもあった。同じ沖縄人の体験を聞けば戦争が理解できると思っていたが、そうはならなかったのである。そこで考えたのは、語りを文字起こしし、それを自分で読んでみるという試みだった。
戦争体験者の言葉を自分の声で、もう一度口にしてみる。それは言葉を文字通り取り込む、身体のなかに取り込むことによって、理解できるかもしれない。そこには体験者の語りを聞くという、一般的なインタビューの形式とは異なる関係性がある。インタビューでは語る人と聞く人がいて、前者の言葉を後者が受け取るのだが、このパフォーマンスでは語られた言葉を自分の声として聞くという、一種の重ね合わせの状況が生まれる。新城郁夫はそこに、変容の契機が含まれていることを鋭く指摘している。

むしろ、語り‐聞くという関係が、主体を主体から、そして客体を客体の位置から離脱せしめながら、互いが互いの変容を促していくという新しい関係の創造が開始されていく運動がそこに出来してきていると言うべきだろう。[7]
(『沖縄の傷という回路』、169頁)

この指摘からわたしたちは、インタビューで語られた言葉に作家が共感できなかった理由を考えさせられる。それは話の内容を理解したり、記録の意義を見出したり、教訓を引き出すといったこととは別の、それ以前の段階にあるのではないか。インタビューという、語る人と聞く人がそれぞれの役割をもつ関係に、実は共感を阻む原因があるのかもしれない。言葉は関係に規定されて、自由に動けなくなるかもしれない。だから他者の言葉が自分の声帯を震わせることで、関係を変えることもできるかもしれない。同じくだりでの新城の見解は、この点でも示唆的である。

ある人の心のなかに封じ込められていた記憶の、遭遇することさえ予想できなかったであろう別のもう一人の誰かの身体における再起となり、そして、ある共なる時間を生きる生の顕れとなる。この顕れにおいて、サイパンにおける惨い戦死は、「私」のなかに不意に召還され「私」を通り過ぎていくことになるのだ。（同前）

記憶が他者の身体において「再起」するという表現は、とても刺激的である。それは語ることと聞くことという運動が固定されずに、それぞれの身体をとおして異なる時間を再起してゆく。再起されるときに大切なのは感覚であり、特に痛みの感覚をとおして、異なる時間が顕れることになる。

継承は、語り－聞くという関係の絶えざる反転においてこそ、他者の痛みを自らの痛みとして生き直し、その痛みの共振と伝染を通じて、語り手と聞き手とが、今において記憶をともに手繰り寄せるという営みにおいて可能となってくる、そうした間身体的かつ協働的な働きとして考え直されていく必要があるのかもしれない。

（同書、170頁）

男性が見た光景を何度も繰り返しているうちに、サイパンの断崖が見えた。そこにはひとりの少年がいる。少年の見ている前で、母と姉が次々に飛び降りる。プロジェクションされた眼と眼から涙がこぼれ、ふたつの顔を流れる。どうしても近づけない距離があることを認めながら、その距離を想像力で埋めることができるかもしれない。ふたつの顔はふたつのまま、共振している。この体験を現在の沖縄のなかでとらえながら、山城はインタビューのなかで次のように語っている。

声が出せないもの。形になり得ないものに形を与えるのがアートじゃないですか。沖縄で起きる悲しい事件事故。いままで声を出せずに泣いていた女性がいたとする。社会で消えているように見えるその声に形を与えることができる。社会や人が抱える精神的な傷を癒やせなくても、心の中で整理できるかもしれない。

ここから山城は記憶と距離の問題を、身体を通して探るという方向性を得た。そして米軍基地敷地内にある闇市で肉屋を営む女性を主人公にした、最初のフィクション『肉屋の女』の後に取り組んだのが、『土の人』である。

空から種が落ちてくる

『土の人』は、「あまりに長いあいだそこにいるうちに、目的を忘れてしまった人」を主人公にした映像作品で、その人々があることをきっかけに少しずつ忘れていたことを取り戻してゆく過程を、一種の寓話として描いている。[8]

冒頭が印象的である。緑の大地を上空から眺めるのは、ドローン映像である。やがて大地に横たわり眠っている人々が現れ、そこに空から土色をしたものが降ってくる。鳥の糞だとすれば、巨大な鳥ということになるが、泥の塊がどんどん落ちてきて、人々の顔や身体を覆ってゆく。その泥のなかに「種」が入っている。鳥が植物の種を運んでゆくように、泥のなかに入っていた種が、人間のうちに何かを胚胎させて、彼らを過去へと運んでゆく。まるで蟻地獄のような窪みの底へ落ちていった男が、穴を通して目撃するのは、戦さの風景。トラウマ的な体験として意識の底に押し込められていた光景を前にして恐れおののく男。

『土の人』は韓国の済州島と沖縄で撮影されているが、冒頭の済州島の緑の大地に横たわる人物は韓国の俳優やエキストラが演じる。空から泥が落ちてきた後に聞こえてくる詩は、日本語と韓国語が入り混じる。済州島と沖縄がロケ地に選ばれたのは、ふたつの島のあいだにある共通性に注目したからでもある。沖縄の琉球王国の歴史にたいして、済州島にはタンラ王国の歴史がある。済州島には四・三事件で多くの島民が虐殺される悲劇があり、第二次大戦最後の戦場となった沖縄では多くの住民が犠牲になった。沖縄で続く米軍基地への抵抗は、済州島カンジョン村の、韓国海軍基地建設反対運動と長く交流している。あらためて驚くほどの共通項に、言うまでもなくそれぞれの「本土」とアメリカとの関係から引き起こされてきた歴史がある。[9]

作品中にも韓国語の音声があるが、字幕はない。そのかわり会場では配布物が用意され、そこには日本と韓国の詩人によるテキストの抜粋が、英語を含めた三ヵ国語で印刷されている。そのひとつがカフカによる文章の、次のような一節である。

「翼があるぞ」

「おどろいたか」、と老人が言った。

「ここのみんなが翼をもっている、だが役に立たないからもぎとれるものなら、そうしたかった」

「なぜ飛んでいかなかったんだ?」とたずねると、

「自分の街から飛んで行かなければいけないのか? ふるさとをすてて。死んだものたちや神々も?」

カフカが書いた文章だが、直接的には高橋悠治の『カフカノート』からの抜粋である。[10]翼をもっているのに、つまり逃げようと思えば逃げられるのに、飛んで行こうとしなかった人々。それは、大地のうえに身を寄せ合って眠りこけている人々を思わせる。彼らの顔に落ちた鳥の糞には種があり、聞こえてくる種の声が男を過去へと導いてゆく。《あなたの声は私の喉を通った》で声帯を震わせた他者の声は、ここでは特定の場所からの声ではなく、ここではないどこか、いまではないいつかを封じ込めた「種の声」として響いてくるのである。

留まる人々の自律性

ところでこのカフカのテキストは、作品として発表されたものには含まれていない断片である。もともとは『あるアカデミーへの報告』に挿入されていたが、最終的に削除され、『遺稿集』の注に掲載されているという、その意味ではあまり人目につかない文章なのである。カフカが当初挿入していたくだりは、銃で撃たれて昏睡していた猿が、目を覚ますシーンの直前だった。猿は檻の中に入れられて、目を覚ます。意識を取り戻した猿の目に映るのは、三方が格子で囲まれた檻。檻のなかに閉じ込められているという状況である。[11]

断片は『カフカノート』に含まれているものよりも、ずっと長いのだが、この「翼を持った老人」が登場する状況が興味深い。というのも、この話を語る「私」は軍隊の一員として、とある町の「南門」から突入したところなのだ。建物のなかに入ると、そこにいるのがこの不思議な老人なのである。老人は、がらんとした長い廊下を通って、軍隊のほうへ近づいてくる。姿が見えてくるに従い、彼には翼があるのがわかる。それは大きく広がっている翼で、外側のは背丈よりも高いほど大きい。

驚いた私は「翼があるぞ」と、戦友たちに叫ぶ。その姿にひるんだのか、隊列の前にいる兵士たちは、少しばかり後ずさりする。そこで発せられた老人の第一声が、「おどろいたか」なのである。

老人が言うには「ここのみんなが翼をもっている」、つまり建物のなかの老人はひとりではなく、おそらく軍隊が到着した町のものには、みな翼があるのだ。しかし「役に立たないからもぎとれるものなら、そうしたかった」。自由に飛んでいける能力があるのに、それができないので、自ら断念している。その理由は、故郷や死者たちや神々を捨ててまで、逃げることはできないからである。おそらくカフカにとって、それは単なる自由の問題にとどまらず、ユダヤ教の共同体にとどまるか、離脱するかという問題にもつながるだろうが、ここでは檻、軍隊、翼といった状況に注目したい。

『土の人』にとっては、それはスクリーンの外にある細部に過ぎないかもしれないが、これらは自由という観点から見たときに、何らかの力を与える細部と言えるだろう。山城自身は大地に横たわり眠る人々は、「あまりに長いあいだそこにいるうちに、目的を忘れてしまった人」と表現している。何が目的かによって、想定される状況は変わるだろうが、作品から読み取れるのは、やはり済州島や沖縄で基地建設に反対しながら、それがあまりに長く続いている状況ととれるだろう。冒頭のドローン映像が見せる、空からの視線も、そのことを示唆している。

それはまずもって、基地帝国によって支配する「空の眼」である。翼を持った老人からすれば、たとえ翼があっても役に立たない状況とも言えるが、飛んでいかないのは、あくまで自らの意思による。もぎとることも出来たかもしれないが、そうせずに留まったから、みんなまだ翼をもっているのである。だから老人が兵士たちに向かって「おどろいたか」と問うたことには注意しなければならないだろう。

大方の予想に反して、彼らにはまだ翼がある。翼はふるさとから飛んで逃げるためにあるわけではなく、「死んだものたちや神々」とともに留まるためにあるのだ。カフカはこう考えたのではないだろうか。

――飛ぶためではなく、留まるためにあるのが翼だとしたら。

ここには記憶の身体の秘密があるように思う。翼は飛翔の記憶を身体に蓄える。自由の律動を蓄えておけるから、留まることができるのである。

このことをもういちど映像のなかで捉え直してみると、そこで表明されているのは、自律性と言い換えてよいだろう。役に立たないと思われている部分から、自律性が芽生えてくる。それはあまりに長く続く島プシューの状態と通底するとも言える。何の役に立つのかは分からないが、不思議な路地に留まるタルガニやパパジョーを含め連鎖劇を続ける人々は、いつの間にか自律性を獲得しているのである。

反転する空と大地

いま島は初夏である。青い海を見わたす丘の斜面には一面に白いユリの花が咲き乱れている。空に向かって開かれた花のあいだから、人間の手がにょきりと出てくる。長い長い眠りのあと、やっと目を覚ました人々。その意識が戻り、両手が世界へ向かって差し出され、その感覚がしだいに開花するように。次々と空に向かって突き出された手が、拍手を始める。手をたたく音は、花々のあいだを伝わって、空へと舞い上がる。

それは大地にとどまりながら、死者たちと神々とともにとどまりながら、空を祝福している人間の仕草である。この瞬間、空と大地は反転する。それは映像史的にも反転する。この章の冒頭で述べたような、空の眼がもつ権力の歴史を、反転するような抵抗の瞬間である。やがて拍手は確信へとつながる。なぜなら空から落ちてくるのは、死だけではないからである。過去の泥のなかには、再生のための種が含まれているから。大切なことは、その種が発しているかすかな声を聞けるかどうか、そして空を祝福できるかどうかである。[12]

そのためのヒントは、当の拍手にある。最初はバラバラに叩かれていた手が、やがて伝染してゆくようにリズムを刻んで、ひとつの拍子となる。それこそが生の律動である。

エピローグ

これまで見てきたように、映像の世紀は惑星規模で進められている次世代移動通信システムによって、新たな段階に入ろうとしている。同期する端末の数が飛躍的に増加し遅延時間が限りなく短くなることで、数時間の映画が瞬きの間にダウンロードされ、自動運転は実現に近づくだろう。だがそれは第2章で扱ったように、社会の「ブラックボックス化」が格段に進む時代でもある。あらゆるモノにＩＣチップが埋め込まれたＩｏＴ社会に、人間の判断能力はついていけるのだろうか。本書で中心的に論じた監視体制と軍事映像の問題は、どこか遠い場所で起きている話ではない。常識で測りきれない事態を前にして、みなが頭を悩ませているのが現状と思うのだが、ひとつウィットの効いた造語がある。

LikeWar——Like と War を連結した新語である。これをタイトルにした近著で、著者のＰ・Ｗ・シンガーらは、戦争はいまやソーシャルメディア上の出来事になっていると端的に指摘した[1]。あえて訳すなら「いいね戦争」になるだろうか。そこで分析されているのは、ソーシャルメディアの「いいねボタン」をクリックする気軽な行ないが、市民の行動を左右し、選挙結果から紛争に直結するような世論を引き起こすという、「日常的戦時状態」である。そこでは映像の内容だけでなく、それを表示するための巧妙なデザインがまさに「罠」となり、日常のコミュニケーションツールを、実質的な武器に変えている。「いいねウェポン」の時代とも言えよう。

この『ライク・ウォー』を読んで思い出されるのは、かつて三上晴子が発表した作品《インフォメーション・ウェポン》だ。[2] 夥しい数のＩＣチップが埋め込まれたミサイル型の彫刻群が、天井から吊り下げられた「マザー」と呼ばれる機械を迎え撃つように取り巻いている。観客の脈拍に同期してＬＥＤが明滅し、増幅されて重低音で響き渡る。それは個人の無意識下で起きつつある、「自律神経の戦争状態」を表しているというのが、発表当時のコンセプトであった。

この初期作品を三上自身は、あまり評価していなかったようである。ＩＣチップが機能をもたないモノに過ぎないことや、インタラクティブでないことがその理由だろうが、わたしは逆に、そのことがこの作品にシンボリックな価値を付していると思う。作家が考えたように、それは「体内で昼夜を問わずに行なわれている、自律神経系の戦争状態」を視覚化しており、素材であるコンピュータやＩＣチップ群は「情報戦争を連想」させる。発表時にはＳＦ的にも見えたその風景は、考えてみればミサイルはもちろんのこと、あらゆるモノにＩＣチップが埋め込まれたＩｏＴ社会そのものではないか。

さらに言えば、いつ起きてもおかしくない戦争や災害など、何らかの理由で情報通信機能がすべて失われた時に現れるであろう、「事後の風景」をも思わせる。作家はこの時点ですでに、テクノロジーが生体や神経系を模倣するものと考えていた。これらの機械は動いていないのではなく、いつの日か再起動するために、スリープモードにあるのかもしれない。

いずれにせよ本書で扱った作品の系列は、ここから始まっていたのだろう。本書では三上晴子をマルセル・デュシャンやアンドレ・ブルトン以降の現代アートとして位置づけ、眼差しの系譜として考えてみたが、三上の他の作品を扱えば、別の歴史に接続されるはずである。彼女が生み出した作品群と考え方は、テクノロジーと人間の未来を考えるうえでも、今後も多方面にわたって刺激と勇気を与えつづけるものと思う。

かくのごとく映像に囲まれた人類の惑星をわたしが「ピクチャー・プラネット」と呼んだのは、『映像論』（ＮＨＫ出版）だった。刊行は一九九八年、グーグルの商用開始とほぼ同時だった。別の呼び方にする必要はなさそうだが、それなりの変化はある。前著においても多くの作品が登場したが、執筆時では映画館へ行くかビデオテープやＤＶＤなどで鑑賞するしかなく、それさえ見られるタイトルは非常に限られていた。特に映画史初期や実験的な映像は作品名が出てきても、鑑賞することはきわめて困難だった。

現在は違う。動画検索にかければ、たとえ日本で未公開の作品でも、その内容を知ることができるようになり、有料の配信サービスを使えば全編を楽しめるものもある。二〇世紀後半と今世紀では、少なくとも過去の映像作品に対するアクセスには、本質的な差があると言ってよい。本書に登場する映像作品についても、画像や予告編などを見ていただけるように、出来る限りＵＲＬを注に入れてある。

これまでと同様、本書は多くの方々の協力を得て可能になったものである。特に四方幸子さんと辻宏子さんには三上作品の成立や背景について、貴重なご意見をいただいた。久保田晃弘、渡邉朋也、馬定延各氏をはじめとする研究チームにより、《Eye-Tracking Informatics》の修復と多摩美術大学での再展示が実現されるとともに、本格的なアーカイヴ化が進行している。また本書後半で扱った作品ではフレデリック・ワイズマン、高嶺剛、山城知佳子、ジアード・クルスームを含む監督たちやルイス・ボルツ、東松照明、比嘉豊光など多くの写真家たちから、制作の現場や上映会、展覧会や芸術祭などさまざまな機会に、直接話を聞くことができた。以上のような、アーティストそれぞれの創造のプロセスに触れることは、わたしにとって、かけがえのない経験であり、この場を借りて心からありがとうを言いたい。時代も分野も横断的な話題を一冊にまとめることができたのは、ひとえに編集を担当した今岡雅依子さんの的確な指摘とアドバイスのおかげである。記して感謝したい。

二〇一九年三月

港　千尋

注

第1章　神経エコノミーの誕生

1　《Molecular Informatics——視線のモルフォロジー》はキヤノン・アートラボで制作、一九九六年に発表されて以後、二〇〇四年までヴァージョンアップを重ねながら世界各地で公開された。また二〇一一年に山口情報芸術センター（YCAM）の研究開発チーム YCAM InterLab と共同で再制作された際、視線入力技術に「The EyeWriter 2.0」が採用され、タイトルも《Eye-Tracking Informatics——視線のモルフォロジー》に改められて展示された。この時点で視線の描画速度が大きく向上し、軌跡も分子モデルとは異なる、なめらかな流動体となった。サウンドも3次元音響に構成しなおされ、二人で体験する作品として発表された。二〇一五年に三上が急逝した後は見ることができなかったが、メディアアート作品の保存修復とヴァージョンアップの方法論を検討するため、YCAMと多摩美術大学の共同研究として、二〇一八年度に再制作が試みられた。新ヴァージョンは《Eye-Tracking Informatics》（YCAM委嘱作品）のアップデート版（Version 1.1）として、二〇一九年一月、多摩美術大学アートアーカイヴセンターで再展示が行なわれた。本書の表紙と各章の扉の図版は、わたしの眼差しの軌跡である。視覚芸術の基本にある「眼差し」の履歴を描く装置が、20年以上をかけて、そのつど最新の技術を採用しながら成長するという、ユニークな履歴をもっているところも特徴である。

2　三上作品における分子モデルは、これよりひとつ前の ARTLAB の第5回企画展として、ネット上の作品《Molecular Clinic 1.0［モレキュラー・クリニック］》で発表されていた。もとより分子モデルには、ヴィジュアライゼーションの歴史として、科学・芸術・デザインが交差する領域で多くの作例や研究がある。これと並行してフェリックス・ガタリ『分子革命——欲望社会のミクロ分析』の分子概念も現代美術に大きな影響を与えており、二〇世紀のサイエンス・アートにとって、「分子的美学」は重要なテーマである。ドイツ南西部カールスルーエ市にあるメディア芸術センター　Zentrum für Kunst und Medientechnologie Karlsruhe（ZKM）が二〇一一年にこのテーマで大規模な展覧会を行ない、《モレキュラー・インフォマティクス》も展示された。その記録も含め『分子美学』のタイトルで大部の出版物が出されている。*Molecular Aesthetics*. Peter Weibel, Ljiljana Fruk (Editor), The MIT Press, 2013.

3　光を信号に変換する視神経が集まっているのが網膜だが、もっとも高い視力は黄斑の「中心窩」と呼ばれる錐体細胞が密集する部分にある。この部分は眼球に入る光軸と数度離れて位置しており、またその角度に個人差があるため、測定された光軸を補正することが必要になる。個人によって異なる補正特性の登録（キャリブレーション）も含めて、視線入力システムの精度はソフトウェアの能力にも大きく依存する。第2章で詳述する「複合的コード」の一例と言えよう。

4 『ナジャ』アンドレ・ブルトン、巖谷國士訳、岩波文庫、二〇〇三。一九二八年に発表された後、ブルトンは一九六三年に「著者による全面改訂版」を出版した。本書では訳者による綿密な注解もふくめて、新訳を使用している。

5 ジャック＝アンドレ・ボワファール（Jacques-André Boiffard, 1902-1961）。シュルレアリスム運動に参加した一九二〇年代には、マン・レイのアシスタントとしても制作しており、近年には作品集も刊行されている。*Jacques-André Boiffard : la parenthèse surréaliste.* Editions du Centre Pompidou / Editions Xavier Barral, 2014.

6 サッカード現象の発見と方法の詳細は、下記の論文を参照した。"Did Javal measure eye movements during reading?" Nicholas J. Wade, Benjamin W. Tatler, *Journal of Eye Movement Research*, 2(5) ; 5, 1-7.

7 『デザインの小さな哲学』ヴィレム・フルッサー、瀧本雅志訳、鹿島出版会、二〇〇九年。

8 以下はチェスを軸にデュシャン芸術の本質に迫る瞠目の論考である。『マルセル・デュシャンとチェス』中尾拓哉、平凡社、二〇一七年。

9 『心の社会』マーヴィン・ミンスキー、安西祐一郎訳、産業図書、一九九〇年。

10 『独身者機械』ミシェル・カルージュ、新島進訳、東洋書林、二〇一四年。新島進の新訳版には「ミシェル カルージュと独身者機械」としてカルージュの紹介から現代視覚文化における独身者機械の系譜にいたる充実の解説があり、とても参考になる。その解説でも触れられているように、カルージュの現代美術への最大の貢献としてあげられるのは、一九七五年にハラルト・ゼーマンが企画・監修した『独身者機械』展である。いくつかの機械が実際に制作され、そのなかにはカフカの処刑機械も含まれている。ジャン・クレール監修、ミシェル・セールやジャン＝フランソワ・リオタールなどがテクストを寄せる本格的なカタログも出版された。*Junggesellenmaschinen / Les Machines Celibataires*. Jean Clair, Harald Szeemann, Venezia Alfieri, 1975. 展覧会については、展示室ごとに作品を紹介する充実した研究が発表されている。「ハラルト・ゼーマン〈独身者機械〉展をめぐって」河田亜也子、兵庫県立美術館研究紀要、№12、二〇一八年。

11 カナダのアーティスト、ジャネット・カーディフ＆ジョージ・ビュレス・ミラーは、カフカの処刑機械に触発された作品《キリング・マシン》（二〇〇七）を制作している。日本では金沢21世紀美術館で展示された。「流刑地にて」の記述そのままではなく、毛皮の椅子にロボットアームが2本動き、頭上にはミラーボールが輝く。カタログ所収の文章では、制作当時、「同時多発テロとイラク戦争に続き、米国の捕虜刑務所での虐待がニュースになっていた」ことや「拷問や戦争をもエンターテインメント的に扱う考えを暗に揶揄した」ことなどが記されている。カタログに文章を寄せたマリア・カペル・ブレグバッドは、この作品とカフカの小説との違いは、「受刑者が椅子の上に乗っていないこと、そして目に見えない犠牲者を前に、観客は死刑執行人を演じる」ことだと書いており、インターネット時代における衆人環視のもとでの「処刑機械」の構図を考えさせる。『Something Strange This Way』ジャネット・カーディフ、ジョージ・ビュレス・ミラー、青幻舎、二〇一七年。

なお「流刑地にて」は以下に収められている。『カフカ短篇集』池内紀編訳、岩波文庫、一九八七年。

12 『〈インターネット〉の次に来るもの——未来を決める12の法則』ケヴィン・ケリー、服部桂訳、NHK出版、二〇一六年。

13 『アテンション!』トーマス・H・ダベンポート、ジョン・C・ベック、髙梨智弘、岡田依里訳、シュプリンガー・フェアラーク東京、二〇〇五年。

14 『24/7 眠らない社会』ジョナサン・クレーリー、岡田温司監訳、石谷治寛訳、NTT出版、二〇一五年。また神経エコノミーの前史については、同じ著者の以下が必読である。『知覚の宙吊り——注意、スペクタクル、近代文化』ジョナサン・クレーリー、岡田温司、大本美智子ほか訳、平凡社、二〇〇五年。

15 ダラス・スマイスの再評価やデジタルエコノミーにおける視聴者商品の論考は少なくない。ここでは主に以下を参照した。*The Audience Commodity in a Digital Age : Revisiting a Critical Theory of Commercial Media.* Lee Mcguigan, Vincent Manzerolle (eds.), Peter Lang Pub Inc, 2014. "Dallas Smythe Today : The Audience Commodity, the Digital Labour Debate, Marxist Political Economy and Critical Theory." Christian Fuchs, *Triple C,* 10(2) : 692-740. 2012. *Network Culture : Politics for the Information Age.* Tiziana Terranova, Pluto Press, 2004.

第2章 インフラグラムの時代

1 『テクノコードの誕生——コミュニケーション学序説』ヴィレム・フルッサー、村上淳一訳、東京大学出版会、一九九七年。興味深いことにフルッサーがテクノコードやテクノ画像という概念を発表したのは一九七〇年代で、この概念が詳述されている『テクノコードの誕生』も一九七三年頃のテクストである。情報の受信と送信、プログラミング、装置、オペレーターという概念が揃っているが、パソコンの話はいっさい出てこない。スティーブ・ジョブズがApple IIで成功を収めたのが一九七七年だったことを考えると、テクノ画像の概念はパソコンの普及に先立っていたことがわかる。またフルッサーは、テクノ画像から受信された情報は、「不透明」であると指摘している。これは意識におけるブラックボックス化と考えることも出来るだろう。さらに装置とオペレーターは不可分のものとして融合していると明言しており、このことはデジタルメディアだけでなく、第4章で扱う無人機をはじめとする軍事映像装置にも通じる考え方である。

2 ジェームズ・ブライドルは、二〇一六年に話題になった研究を紹介している。「ニューラルネットワークを、ウェブで見つけた中国人の公式ID写真から選んだ1126人の〈非犯罪者〉と、司法機関と警察から提供された有罪判決を受けた犯罪者730人のID写真を使って教育した。教育のあと、彼らはこのソフトウェアが、犯罪者と非犯罪者の顔を区別できると主張した」。これに対し大きな批判が巻き起こったことは当然だが、現在では否定されているはずの骨相学や犯罪人相学といった一九世紀疑似科学が、AIの衣をまとって復活する可能性があることを示している。『ニュー・ダーク・エイジ――テクノロジーと未来についての10の考察』ジェームズ・ブライドル、久保田晃弘監訳、NTT出版、二〇一八年、165頁。

3 生体認証システムには「わたしは誰か」という問いと深く結びついた、「身元確認」の複雑な来歴がある。その歴史と今日にまで及ぶ影響を知るには、以下が必読であろう。『指紋論――心霊主義から生体認証まで』橋本一径、青土社、二〇一〇年。

4 *Kim Jong Il Looking at Things*, João Rocha, Marco Bohr, Jean Boite Editions, 2014.

5 *Aram Bartholl : The Speed Book*. Aram Bartholl, Gestalten, 2012.

6 *Dutch Landscapes*. Mishka Henner, 2011 (print-on-demand book).

7 『ブラックボックス化する現代――変容する潜在認知』下條信輔、日本評論社、二〇一七年。

グーグルの前会長エリック・シュミットは人類が文明の夜明けから二〇〇三年までにつくりだしたデータの総量は、今日の2日分だと語った。二〇一〇年のことだから、現在では1時間に満たないかもしれない。それらの大きな部分を占めるのが画像だが、何をもってデータとするかで意味は変わってくる。シュミットの発言と同じ年に、全世界に氾濫するスパムメールは、1日あたり2500億通だったという。これは意味のあるデータだろうか。アーティストのヒト・シュタイエルは大量の画像スパムを「デジタルの瓦礫」「デジタル宇宙の暗黒物質」と呼び、そこに現代における表象の危機を指摘する。「地球のスパムメール」ヒト・シュタイエル、『美術手帖』二〇一五年六月号所収。

8 『非物質』展は、斬新なデザインのカタログでも話題になった。二分冊のひとつはキーワード辞典になっており、アルファベット順に並んだワードを複数の著者が解説するのだが、この執筆と編集自体が「非物質性」の実験だった。ジャック・デリダ、ダン・スペルベル、ブルーノ・ラトゥール、イザベル・スタンジェールなど26名の参加者には、あらかじめパソコンが配付され、フランス郵政省が試験的に導入した回線を使用して、キーワードに解説を付けて送るという方法が取られた。使われたパソコンはリリースされて間もないオリベッティM20で、ヨーロッパでは最初の16ビットパソコンだったと言われる。あらためてこの辞典を開いてみると、「インターネット」が無いのは当然としても、情報やデータに当たる単語も見当たらない。その代わりに「著者」や「コード」などの単語が大きく取り上げられている点が興味深い。

一九八五年にポンピドゥーセンターで行なわれたシンポジウムでのリオタールの発表は邦訳されている。また企画から実現にいたる記録と、今日から見た展覧会の意義については、30年後に記念出版された以下の文献が有用である。『非人間的なもの——時間についての講話』(新装版)、ジャン＝フランソワ・リオタール、篠原資明ほか訳、法政大学出版局、二〇一〇年。*30 Years after Les Immatériaux : Art, Science, and Theory.* Yuk Hui, Andreas Broeckmann (Eds.), Meson press, 2015.

9 ここでは主に似顔絵捜査の第一人者、坂本啓一の著作を参考にしている。『似顔絵捜査官の事件簿』坂本啓一、中経出版、二〇〇七年。

10 『9・11以後の監視』デイヴィッド・ライアン、田島泰彦監修、清水知子訳、明石書店、二〇〇四年。またアメリカの警察活動の最前線では、顔認証技術に予測分析とデータマイニングが結びついた、「データ駆動型」捜査が始まっている。「犯罪を予防する」という理由で、特定地域が常時監視体制に置かれるとともに、個人のデータ分析が恒常化する。映画『マイノリティ・リポート』さながらの実態は以下に詳しい。『監視大国アメリカ』アンドリュー・ガスリー・ファーガソン、大槻 敦子訳、原書房、二〇一八年。

11 『スノーデン・ショック——民主主義にひそむ監視の脅威』デイヴィッド・ライアン、田島泰彦、大塚一美、新津久美子訳、岩波書店、二〇一六年。スノーデンの指摘にもあるように、進化する顔認識システムは実際のところグーグルやフェイスブックなどの巨大ウェブ企業の独壇場である。最新のソフトウェアは深層学習を取り入れており、何億人もの顔を学習している。ちなみに民間の顔認識ソフトで高い認識度を達成しているのはロシアのソーシャルメディアが公開しているデートアプリで、それを使うと「サンクトペテルブルクの地下鉄で、10人のうち7人を認識できる」そうである。だがこのエピソードを紹介する以下の本は、こうした人工知能が必ずしも優れているとは考えていない。『デジタル・エイプ——テクノロジーは人間をこう変えていく』ナイジェル・シャドボルト、ロジャー・ハンプソン、神月謙一訳、クロスメディア・パブリッシング、二〇一八年。

12 長編ドキュメンタリー『シチズンフォー　スノーデンの暴露』でスノーデン・ファイル公開の一部始終を描き、第87回アカデミー賞長編ドキュメンタリー賞をはじめ、各国で40以上の映画賞を受賞した監督ローラ・ポイトラスは、ニューヨークのホイットニー美術館を使って、ビッグデータ監視体制をテーマにしたユニークな展覧会を企画した。カタログには参加作家のアイ・ウェイウェイやヒト・シュタイエルに加え、エドワード・スノーデンによる「解読不可能な暗号」についての書き下ろしエッセイも含まれ、きわめて刺激的である。*Astro Noise : A Survival Guide for Living Under Total Surveillance.* Laura Poitras, Whitney Museum of American Art, 2016.

13 映画が扱う「情報収集」はほぼ盗聴や密偵の格好のままで、概して古典的な表現にとどまってきたと言える。今日のデータ解析による監視体制を映画化しても、視覚的には退屈だからだろう。例外として、一九七〇年公開のSF映画 *Colossus : The Forbin Project* (ジョセフ・サージェント監督) がある。米ソがそれぞれ開発したスーパーコンピュータが、通信回線を使い独自に情報を収集しながら自己進化を遂げて、人間の命令を拒否するというストーリーである。『地球爆破作戦』という不可解な邦題で公開された当時、どれだけ理解されたか不明だが、スノーデン・ファイルが暴露した情報収集やＡＩによるデータ解析の未来は、少なくともＳＦ的には十分に想像可能な話だった。同名の原作はデニス・ジョーンズによるもので、一九六六年に遡る。

14 『個人情報と権力——統括選別の政治経済学』オスカー・Ｈ・ガンジーJr.、江夏健一訳、同文舘出版、一九九七年。

15 山口情報芸術センター（ＹＣＡＭ）の委嘱作品として二〇一〇年に発表され、以後ドイツ、オーストリアなどを巡回し、二〇一一年に東京でも展示された。作品の情報はＹＣＡＭのサイトで見ることができる。「二重存在論」の作家インタビューは以下を参考にした。https://special.ycam.jp/doc/note/index.html

16 作品には展示されている機械やスクリーンだけでなく、見えない部分にもオリジナルな仕掛けがある。たとえばネット上に公開された監視カメラの画像や顔認識を受けた画像、さらに会場内のカメラが捉えた過去の画像などを巡視するプログラムが開発された。会場の入口に設置されたモニターでは、そのグラフィック画像が表示されていた。作家によれば、それは《欲望のコード》のプログラムの管理人ともいえ、過去と現在を分断、また横断している様子を見ることができる。またイメージだけでなく、会場内の人々の話し声や物音、あるいは作品から発生される機械音なども、超指向性マイクによって収集され、音声から音圧や周波数成分などの、時系列情報が抽出されて解析される。ビッグデータ監視のメカニズムを実験するかのような、先鋭的な内容をもっていた。リアルタイムの情報だけでなく、ある時点までに蓄積された過去の音声や状況をデータベースから呼び出して、それを素材に新たな音響空間を作り出す仕組みは、第4章で扱う「シノプティック監視体制」を彷彿とさせる。

17 *CHRIS MARKER: MEMORIES OF THE FUTURE, 2018.*

18 プログラムとしては未完成だが、マルケルの友人が回顧するところによると、それより以前のヴァージョンでは、タッチスクリーンをはじめとするインタラクションが明確に方向づけられていたというから、「バージョン6」は一九八〇年代のパソコンの性能に合わせダウンサイジングしていたと考えられる。おそらくマルケルは、人工知能プログラムをひとつの作品として発表することを視野に入れていた。単純なプログラムではあっても、実際に対話が成立するだけの内容が備わっている。マルケルのインスタレーション作品やマルチメディア作品については、以下の論集を参照。『クリス・マルケル——遊動と闘争のシネアスト』港千尋監修、金子遊、東志保編、森話社、二〇一四年。

19 『レベル5』の日本語字幕版が公開されたのは二〇一八年だが、日本における最初の上映のひとつは、二〇〇二年に東京外国語大学で行なわれた。この時に行なわれたシンポジウムに参加したことが、個人的には沖縄を継続的に訪れるきっかけになった。以下はその記録である。『沖縄の記憶／日本の歴史』上村忠男編、未來社、二〇〇二年。

20　後にマルケルは「セカンドライフ」上に仮想のミュージアムを作り、現在も「開館」している。晩年には、インタビューさえも、そのセカンドライフ上でだけ受け付けていた。つまり一九八〇年代から二一世紀の情報通信環境を見通していたのである。

第3章　軍事の映像人類学

1　『アメリカ帝国の悲劇』チャルマーズ・ジョンソン、村上和久訳、文藝春秋、二〇〇四年。また事件の詳細を知るドキュメントとしては以下を参照。『えひめ丸事件——語られざる真実を追う』ピーター・アーリンダー、薄井雅子訳、新日本出版社、二〇〇六年。

2　*How Everything Became War and the Military Became Everything: Tales from the Pentagon.* Rosa Brooks, Simon & Schuster, 2016.

3　フレデリック・ワイズマンの映画については、全作品の情報と各作品数点の画像を、ZIPPORAH FILMS のホームページ（英語）で見ることができる。http://zipporah.com/
日本語の資料としては、ワイズマン監督へのロングインタビューや作品の詳細な解説も含めた以下が決定版である。本章の一部は、以下に所収の論考を発展させている。『全貌フレデリック・ワイズマン——アメリカ合衆国を記録する』土本典昭、鈴木一誌編、岩波書店、二〇一一年。

4　『米軍基地がやってきたこと』デイヴィッド・ヴァイン、西村金一監修、市中芳江ほか訳、原書房、二〇一六年。デヴィッド・ヴァインはアメリカの人類学者で、本書は軍事基地を対象にした本格的な人類学研究である。ヴァインも基本的にジョンソンの「基地帝国」概念を評価しているが、その研究は文字通り地球全体の基地を射程に収めており、それぞれの土地での抑圧と暴力の実態と構造を明らかにしている。軍事の人類学はまだ始まったばかりとも言えるが、ヴァインによる参考文献リストは、現状を知る上でも有益である。

5　『フューチャー・ウォー——米軍は戦争に勝てるのか？』ロバート・H・ラティフ、平賀秀明訳、新潮社、二〇一八年。

6　この点でワイズマンの一連の作品とともに見ておくべき戦争ドキュメンタリーは『ハーツ・アンド・マインズ／ベトナム戦争の真実』（*Hearts and Minds*）であろう。ピーター・デイヴィス監督によるこの作品は、取材映像に加えて政府によるプロパガンダのフッテージやニュースフィルムを驚異的な編集によってまとめ上げた作品で、一九七五年に第47回アカデミー賞最優秀長編ドキュメンタリー映画賞を受賞した。現在でもヴェトナム戦争の実像に迫った最高のドキュメンタリーと思われる。日本では二〇一〇年に東京都写真美術館ホールでの企画上映が最初の一般公開となり、二〇一五年にやっと劇場公開されている。ワイズマンの手法とは対極にあるが、同じ時代に制作された渾身の映画として必見である。

7　「日本政府は長年にわたり、アメリカ軍を沖縄に封じ込めておくためにあらゆることをしてきた。日本にあるアメリカ軍基地の約七五パーセントがこの島に置かれているが、沖縄は日本の国土全体の一パーセント以下しか占めておらず、日本でいちばん貧しい県である。島と日本との関係は、プエルトリコとアメリカの関係によく似ている。東京の政府はこの取り決めが気に入っている。国民が日本の国土にアメリカ軍の駐留を許すのは、自分たちの見えないところにいる場合だけだということを知っているからだ」(ジョンソン、前掲書256頁)。「自分たちの見えないところ」という指摘に注意したい。メディアがつくりだす距離の政治学は、「基地の帝国」を支える重要な基盤である。以下の著書も合わせて参照。『帝国解体——アメリカ最後の選択』チャルマーズ・ジョンソン、雨宮和子訳、岩波書店、二〇一二年。

8 正式なタイトルは *New Topographics : Photographs of a Man-Altered Landscape*(新しい地勢学——人間によって変えられた風景の写真)。ウィリアム・ジェンキンズが企画し、ロバート・アダムズ、ルイス・ボルツ、ベルント&ヒラ・ベッヒャー、ニコラス・ニクソン、ヘンリー・ウェッセル・ジュニア、スティーブン・ショアなど9組10名の作家が参加した。一九七〇年代以降の現代写真における風景の扱いについては以下でも議論している。『現代写真アート原論』後藤繁雄、港千尋、深川雅文編、フィルムアート社、二〇一九年。

9 『ルイス・ボルツ——法則 Lewis Baltz : rule without exception』展覧会カタログ、深川雅文、平木収編、深川雅文訳、川崎市市民ミュージアム、一九九二年。

10 ボルツのふたつの作品のオリジナルタイトルは以下になる。*San Quentin Point*. Lewis Baltz, Aperture 1986. *Candlestick Point*. Lewis Baltz, Steidl 2011. ボルツは一九八九年頃から先端技術を対象に転換して、《テクノロジーの場所》(Sites of Technology)のシリーズを開始した。撮影地もアメリカ西海岸からヨーロッパや日本へ移り、先端技術の研究施設や原子力発電所、欧州原子核研究機構などを撮影している。さらにその後はスタイルをがらりと変え、高度な監視システムにおける画像やデータを扱うようになった。社会における映像の変容にたいし鋭い批判的視座をもち続けた、稀有な写真家だったと言えるだろう。同時期には優れた批評の仕事も残している。

第4章 空の眼

1 本節のタイトル「アメリカのカミカゼ」はアーティストで研究者でもあるキャサリン・チャンドラー(Katherine Chandler)による「American Kamikaze」から採っている。ダナ・ハラウェイやラトゥールの技術論をベースに、ツヴォルキンに関する記録を詳細に読み解く論考は以下に再録されている。*Life in the Age of Drone Warfare*. Lisa Parks, Caren Kaplan (eds.), Duke University Press, 2017.

2 もっとも「日本人の新型兵器」がどのような状況下で、どんな「研究」によって生まれたのかは、ツヴォルキンも知らなかったであろう。その状況は、次のような証言がよく伝えている。

「正木少将は何かの目的があって、日本中の権威といわれる学者を集めたのだ。それは、体当り攻撃の効果を価値づけようとするために違いない。というのは、正木少将には、その必要があったのだ。三航研は、航空本部から、爆撃改良の方法について、具体策の提出を求められていた。しかし、満足な方法は見つからなかった。最後に考えだしたのが、体当り攻撃の理論化であった。つまりは、航空本部の要求に対する、苦しまぎれの、責任のがれの回答であった」(『陸軍特別攻撃隊 1』高木俊朗、文春学藝ライブラリー、二〇一八年、32頁)。

3 『ドローンの哲学——遠隔テクノロジーと〈無人化〉する戦争』グレゴワール・シャマユー、渡名喜庸哲訳、明石書店、二〇一八年。無人機攻撃の論理と倫理を分析して示唆に富み、訳者による周到な解説も有益である。ドローン戦争の最新分析は、以下も参照した。*Drone : Remote Control Warfare.* Hugh Gusterson, MIT Press, 2017.

4 とはいえこれらの映画を観た後で、次のような本を読むと、現場とフィクションとの落差にも気づかされる。また米軍による攻撃の実態を、空を制したアメリカの世紀という史的フレームで考察している生井英考の著作(特に講談社学術文庫版の補章「キティホークを遠く離れて」におけるドローンの分析)も大いに参考になる。『ハンター・キラー——アメリカ空軍・遠隔操縦航空機パイロットの証言』T・マーク・マッカーリー、ケヴィン・マウラー、深澤誉子訳、角川書店、二〇一五年。『興亡の世界史 空の帝国——アメリカの20世紀』生井英考、講談社学術文庫、二〇一八年。

5 『事後のイメージ』展は二〇二一年五月一八日から同年七月一六日まで開かれた。原題は Image in the Aftermath で記録はベイルート・アート・センターのホームページにある。http://www.beirutartcenter.org/en/exhibitions/image-in-the-aftermath
またドローン攻撃の「事後」については、以下が詳しい。*Aerial Aftermaths : Wartime from Above.* Caren Kaplan, Duke University Press, 2018.

6 *Forensic Architecture : Violence at the Threshold of Detectability.* Eyal Weizman, Zone Books, 2017.

7 『ガザに地下鉄が走る日』岡真理、みすず書房、二〇一八年。

8 『再基地』展は二〇一八年一一月一〇日から二〇一九年一月二七日まで、台北の台湾当代文化実験場で開かれた。展示内容の画像や動画は文化実験場のホームページ(中国語・英語)で見ることが可能である。
https://clab.org.tw/en/project/re-base-when-experiments-become-attitude/

9 ふたりの作家がテーマにした「領空」や「空域」は、もちろん台湾だけの問題ではない。日本国内にも不可侵の「空の壁」が存在していることは、厳然たる事実である。『横田空域——日米合同委員会でつくられた空の壁』吉田敏浩、角川新書、二〇一九年。

第5章　記憶の身体

1　『プルースト／写真』ブラッサイ、上田睦子訳、岩波書店、二〇〇一年。

2　『ピノッキオの眼――距離についての九つの省察』カルロ・ギンズブルグ、竹山博英訳、せりか書房、二〇〇一年。

3　*Shomei Tomatsu : Skin of the Nation.* Sandra S. Phillips, Leo Rubinfien, John W. Dower, Yale University Press, 2004. また沖縄だけに対象を絞った写真集が出版されている。『東松照明写真集　camp OKINAWA』（沖縄写真家シリーズ　琉球烈像　第9巻）東松照明著、仲里効、倉石信乃監修、未來社、二〇一〇年。

4　『赤いゴーヤー　比嘉豊光写真集 1970-1972』比嘉豊光、ゆめあ〜る、二〇〇四年。比嘉豊光は琉球大学写真部で写真を始め、比嘉康雄、石川真生、平良孝七といった写真家とともに、沖縄の眼差しと記憶を追究してきた。次の展覧会図録にも見られるようにその仕事には重要な記録が多い。『時の眼――沖縄　復帰40年の軌跡』比嘉豊光、山城博明、琉球新報社、二〇一二年。

5　『変魚路』は、あいちトリエンナーレ２０１６でプレミア上映の後、二〇一七年に劇場公開された。その詳細とトレーラーは、以下の専用サイトで観ることができる。http://www.cinematrix.jp/hengyoro/
以下に掲載されている高嶺剛監督の親泊仲眞によるロングインタビューが面白い。『越境広場　2号』越境広場刊行委員会、二〇一六年。また高嶺の監督作品『夢幻琉球つるヘンリー』で脚本を共同執筆した仲里効による刺激的な読解が以下に収録されている。『沖縄思想のラディックス』（ポイエーシス叢書　71）仲宗根勇、仲里効編、未來社、二〇一七年。

6　沖縄には戦争体験を自発的に証言する語り部がいるが、山城のインタビューはそうした語り部を対象としたものではない。個人がそれぞれの思い出を振り返りながら、自由に語る「グループ回想法」に興味をもった山城が、デイサービスセンターに赴いたことから実現した。

7　「事前に介護士と打ち合わせをし、私たちは記憶を引き出すきっかけとして戦前・戦後の沖縄の風景写真を準備し、直接には戦争について聞くことをしないよう、事前にルールを確認し合った。戦争の語り部たちと違って、ほとんどの高齢者は苦しい経験となった戦争体験を語りたがらないことが多い。過去に受けた傷を無理矢理思い出させるのではなく、戦前から戦後へと自然の成り行きで話を進めていけるようにした」
そのプロセスに風景写真が利用されていることも含めて、重要な回想のプロセス自体は以下で知ることができる。『循環する世界――山城知佳子の芸術』浅沼敬子編、ユミコチバアソシエイツ、二〇一六年。

8　『沖縄の傷という回路』新城郁夫、岩波書店、二〇一四年。
『土の人』は、あいちトリエンナーレ２０１６の参加作品として制作され、新作として公開された。

9　済州島のロケに協力したのは、カンジョンの基地建設反対運動のドキュメンタリー映画『クロンビ、風が吹く』の監督チョ・ソンボンであった。「クロンビ」はカンジョン村海岸にある長さ1キロ以上もある一枚岩の名。天然記念物保護区域、ユネスコの生物圏保護区に指定されていたが、海軍基地計画によって指定は解除され、基地の建設とともに一枚岩のほとんどはコンクリートで封じられてしまっている。自然環境の破壊という点でも辺野古新基地建設と共通している。

10　『カフカノート』高橋悠治、みすず書房、二〇一一年。

11　『カフカ寓話集』カフカ、池内紀編訳、一九九八年、岩波文庫。

12　あいちトリエンナーレ２０１６期間中の作家トークで、山城知佳子はこのシーンの撮影について、興味深いエピソードを披露した。空に向かって拍手をするシーンは、米軍基地ゲート前で座り込みを続ける人々の姿がモチーフのひとつになったという。映画制作と並行して訪れた辺野古で、どれほど強制的に排除されようとも路上に横たわり、空に向かって腕を伸ばし三線の音に合わせて、手を叩く人々を記録していたのである。

エピローグ

1　*LikeWar : The Weaponization of Social Media.* P. W. Singer, Emerson T. Brooking, Houghton Mifflin Harcourt, 2018.

2　一九九〇年に東京のＰ３オルタナティブ・ミュージアム（P3 Alternative Museum）で開催された『パルス・ビーツ——インフォメーション・ウェポン３』(Pulse Beats : Information Weapon ３）で発表された。展示の様子はＰ３のサイトで見ることができる。http://p3.org/JAPAN/1990/07/project_tochoji_exhibition_pulsebeats/

なお三上晴子の全貌をまとめた記録が、本書の校了直前に刊行された。今回の執筆には活用できなかったが、作品の来歴をはじめとした詳しい記録や証言が収められており、今後の研究にとって基本資料となるに違いない。『SEIKO MIKAMI——三上晴子 記録と記憶』馬定延、渡邉朋也編著、ＮＴＴ出版、二〇一九年。

港　千尋（みなと・ちひろ）

一九六〇年神奈川県生まれ。写真家・著述家。多摩美術大学情報デザイン学科教授。同大学芸術人類学研究所所員。世界を移動しながら創作、研究、執筆、発表を続けている。国際的な芸術祭のキュレーションなどもてがけ、あいちトリエンナーレ２０１６では芸術監督を務めた。写真展〈市民の色〉で伊奈信男賞、『記憶』でサントリー学芸賞を受賞。著書に『映像論』『考える皮膚』『芸術回帰論』『洞窟へ』『風景論』など多数。

ネクタネボ2世時代のレリーフ（部分）、『非物質』展カタログ（1985）より。89頁参照。

インフラグラム
映像文明《えいぞうぶんめい》の新世紀《しんせいき》

二〇一九年　五月　九日　第一刷発行

著者　港《みなと》　千尋《ちひろ》

発行者　渡瀬昌彦

発行所　株式会社　講談社

東京都文京区音羽二丁目一二―二一　〒一一二―八〇〇一

電話（編集）〇三―三九四五―四九六三

（販売）〇三―五三九五―四四一五

（業務）〇三―五三九五―三六一五

装幀者　奥定泰之

本文データ制作　講談社デジタル製作

本文印刷　信毎書籍印刷株式会社

カバー・表紙印刷　半七写真印刷工業株式会社

製本所　大口製本印刷株式会社

ISBN978-4-06-516217-0　Printed in Japan

N.D.C.110　254p　19cm

講談社選書メチエの再出発に際して

講談社選書メチエの創刊は冷戦終結後まもない一九九四年のことである。長く続いた東西対立の終わりはついに世界に平和をもたらすかに思われたが、その期待はすぐに裏切られた。超大国による新たな戦争、吹き荒れる民族主義の嵐……世界は向かうべき道を見失った。そのような時代の中で、書物のもたらす知識が一人一人の指針となることを願って、本選書は刊行された。

それから二五年、世界はさらに大きく変わった。特に知識をめぐる環境は世界史的な変化をこうむったとすら言える。インターネットによる情報化革命は、知識の徹底的な民主化を推し進めた。誰もがどこでも自由に知識を入手でき、自由に知識を発信できる。それは、冷戦終結後に抱いた期待を裏切られた私たちのもとに差した一条の光明でもあった。

その光明は今も消え去ってはいない。しかし、私たちは同時に、知識の民主化が知識の失墜をも生み出すという逆説を生きている。堅く揺るぎない知識も消費されるだけの不確かな情報に埋もれることを余儀なくされ、不確かな情報が人々の憎悪をかき立てる時代が今、訪れている。

この不確かな時代、不確かさが憎悪を生み出す時代にあって必要なのは、一人一人が堅く揺るぎない知識を得、生きていくための道標を得ることである。

フランス語の「メチエ」という言葉は、人が生きていくために必要とする職、経験によって身につけられる技術を意味する。選書メチエは、読者が磨き上げられた経験のもとに紡ぎ出される思索に触れ、生きるための技術と知識を手に入れる機会を提供することを目指している。万人にそのような機会が提供されたとき初めて、知識は真に民主化され、憎悪を乗り越える平和への道が拓けると私たちは固く信ずる。

この宣言をもって、講談社選書メチエ再出発の辞とするものである。

二〇一九年二月　　野間省伸